コンセプトウォーク | Life Design Books |

Concept Walk

As the world goes through seismic changes, it is essential to shake off conventional values and stereotypes and go back to the beginning, asking ourselves, 'What do we really need?' and 'What is the true nature of life?' We need to get rid of everything that is superfluous and get back to basics. That is why we have to redefine concepts. The most important thing in the corporate world is concepts. Rather than just haphazardly continuing on with conventional business, the time is ripe to take another look at our mission and to shift to becoming a thinking structure. In order to do that, we must always be progressing hand in hand with concepts and this will lead to the evolution of companies.

谷口正和
Masakazu Taniguchi

はじめに

40年前、我々は「時代とどのように向き合っていくか」を一つの睨みどころにして立ち上がった。その際に掲げた「生活者と並走し、生活者の代理人になる」という思いは、今も変わることなく我々にとって最も重要なコンセプトとなっている。マーケティングにおけるテクニックや方法論というよりも、顧客との対話の中から要望軸をすくい上げ、時代と共に進んでいくコミュニケーションカンパニーとして活動を続けてきた。言い換えれば、コンセプトと二人三脚で歩んできたということであり、それが本書タイトルを『コンセプトウォーク』とした所以である。

我々が起業してから現在までの40年間に語られてきたマーケティングの課題点は、やはり販売促進に寄りすぎたことにあるといえるだろう。必要としていない人にも必要と思わせたり、新しいという話題性だけでマーケットを刺激したりと、提供者側のオーバープロダクツを解消するための方策を「顧客主義」という言葉で煙に巻いてきたような感じすらある。そうしてセールスプロモーションばかりに傾倒していった結果、割引やポイントカードなど値段の安さによって差別化するようなことに集約し、新しい知恵やアイデアは出なくなってしまっている。もちろん、そうした取り組みの目的にはリピーターの獲得があるわけだが、それは決してその商品やお店が好きで支援したいということではなく、あくまで割引があるから来ているに過ぎない。たくさんの商品を作り、売れ残った物は割り引いてでも処分するという提供者の都合によって定番化された仕組みが今なお続いている。そうした非合理的だが、あたかも合理的に見えるようなオーバープロダクツの体質が、さらなるロスや余剰を生み出す悪循環をつくってしまっている。

さらに、そうした仕組みが成功した他社に倣って、横並びで同じようなことをする企業が次々に現れていることも問題だ。それによって個々の企業経営の思想というものが大きく後退し、標準化・同質化された企業ばかりが生まれることで多様性の意味合いを失いながら、社会の中でデッドストックばかりが積み上がっていくことになってしまっている。このような、全てを損得感情で推し量ってしまう施策ばかりが増えて何年もたつわけだが、そうした提供者の論理はついに終焉を迎えつつある。

今日、アドバタイジングの手法は多様化し、中でも動画広告など拡大している分野もあるが、最も重要な顧客理解の促進は果たしてできているのだろうか。例えば、従来の顧客理解で行き着いた先にあったものの一つとしてオーダーメイドがある。しかし顧客は何もオーダーしたいと言っているわけではない。単に、自分がいいなと思うようなものを的確に提示してもらいたいと考えているわけで、最適性というものに対する膨らましや豊かさのようなものを要求しているのだ。

そうしたことも全て含めて、我々がスタートアップした時に目指したのが、顧客の要望軸がどのように変化しているかを掴み取ること。顧客が持つ興味関心や社会変化を整理・分析して発信することこそ我々の役割であると考えた。

企業活動と顧客要望の進化・変化のズレを直すために、我々は当初から、地球資源も含めて「全体が生かされる社会」に対して向かっていくべきと考え取り組んできた。経営理念である「生活者を主人公とした社会の実現」にあるのは、一人ひとりが相互に生かし合う関係性に他ならない。現在のコロナ社会も突き抜けて提示しているのは、生かし生かされる生命の社会、生命の世紀。あなたは生かされているか、あなたは生きようとしているか、そのためにあなたはどのような準備をしているか。そしてそのことによって自分自身がどのように社会と関わり合っていくのか。これには働き方改革の側面も含まれているが、一人ひとりが社会という他者視点によって選別され、お互いが助け合う、生かし合うための特徴や専門性を提示できているかが問われている。

こうしたものが周辺の課題認識と複合して、新たなライフスタイルを形成するようになっている。これまでのように、働く場所と暮らす場所、仕事とプライベートといったように切り分けて考えない。そして標準化したライフスタイルやライフステージではなく、むしろ一人ひとりにとっての生き方から編み出す暮らし方が求められている。

このようなライフスタイルの中で、自分が興味関心を注ぐ領域の外側に対しては、できるだけシンプルでナチュラルでローコストでいたいという要望が、新たな市場構造の転換を遂げている。例えば衣服に関しても、日常の中ではユニクロや無印良品に代表されるようなノーマルなライフウェアとしての機能が求められ、その一方、ある専門性を持ったプロフェッショナルの現場では、ユニフォームのような特別な機能を有するワークウェアが要求されている。しかし、こうした潮流が顕在化しつつありながらも、アパレル業界では単にファッショントレンドを反映させた商品や、セレクトと言いながら誰がセレクトしたのか分からない商品、個性ではなく売れるかどうかを優先してデザインした商品が市場を形成している。ブランド戦略と言いながら、そこにあるのはストーリーテラーとしての個性や共感ではなく、割り出された平均値に寄り添っていくような姿。ブランドは本来、主義主張や哲学がシグナル化されている必要があるが、実際は単なるラベルネーミングとしての意味合いしか持たなくなってしまっている。

こうした傾向はファッション業界に限らず、あらゆる分野で同様の状況が見てとれる。売れなくなってしまったものにストップをかけることすらできない既得権益者の体質をつくり、今までがそうだったからという理由だけで新しい方法を排除してしまう。長い間ぬるま湯に浸かっていたことで、徐々に温度が下がっていることにも気づかないまま現在まで来てしまっているのだ。

新たな社会の転換期を迎える中、多くの企業が「生活者研究」のようなことを提示し、すっかり耳慣れたテーマになってきているが、我々は40年前から「ライフデザイン」というコンセプトワードを掲げてきた。生命・生活・人生は一体として語られる必要があり、総和して「生命の世紀」というものを最大限に象徴するのが地球社会である。そのため、当然ながらエコロジカル、サスティナビリティ、REのコンセプトなどの重要性を主張してきた。また〝新しい〟はプロダクトとしてだけでなく、むしろ使用回数を促進させるための活用学に使うべきだと発想の転換を唱え続けてきた。そして現在、所有ではなく使用することによって本来の価値や役割を発揮していくという、所有から使用へと価値の転換が起こっている。

成功ケースに馴染むようにやっていくという思考では、変わることは難しい。仮に一企業のサラリーマンであったとしても、自らプロフェッショナルとして立つようなスタンスが必要だ。いつまでも変われないで資本と労働というところに居座ることは問いかけを失った姿であり、いわば「不問の社会」。生活者一人ひとりが、自分自身が立脚点であることに気づき自らに問いかける、そうすることで問題意識も醸成されていく。

例えば、国内の教育に目を向けると、標準化を求めるような受験教育が就職にまで影響するという過去の神話が未だに残っており、そういう時代は既に終わっているにもかかわらず抜け出せないままでいる。偏差値など数字ばかりを追い求め、個性や違いにスポットを当てない社会。本来、大切なのは標準から逸脱している部分をマイナスとしてではなく、プラスのこととしてピックアップし、その要素を徹底的に磨くことである。それが自己表現となり、さらには他者を救う社会貢献の一つの大きな力点になるということを提示する社会がきている。

昨今、「シンキング」が流行り言葉のように使われているが、これはあなたは一体何者なのか、自分自身についてよく考えなさいというメッセージといえるだろう。あなた自身がコンセプチュアルでないのに、一体何にコンセプトを求めるのか。見つめるべきは自らの内側、自分にとって最も面白いことは自分だという発見もしないまま、何か面白いことはないかと外側にばかり求めてしまっている。

このような議論を社内の仲間たちと重ね、その一つの成果としてこれまで数多くの書籍を出版したり、講演を行ったりと発信を続けてきた。そして我々がブレずに積み重ねてきたことは、まさに一本の木として見ることができる。生活者の声を集め、それがどのようなことを教えてくれているかを検証し、そこから新たなプロジェクトを生み出していく。その中で、我々を支持してくれているクライアントに対しても、新たな知見として還元することで微力ながら役目を果たせたのではないかと自負している。

地球社会全体としての課題が山積する現在、その解決速度を上げていくために、あらゆる分野でパラダイムシフトが起こっている。その意味で今回の新型コロナウイルスは、来るべき未来に対する課題を前倒しして顕在化させ、解決のための変化に対応できないのであれば未来へは進ませないというような地球からの意思、あるいは指令に思えて仕方がない。

このような大いなる変化の只中にある今こそ、我々は新たなスタートアップとして次なる一歩を踏み出す時であり、これまで継続して主張してきたことを徹底して取り組んでいく必要があると感じている。決して自分たちの勝手な想像や思い込みで語るのではない。生活者の新しい要望や変化、いわゆるファクトと向き合い、そこからヒントを学び取るという、これまで一貫して行ってきたことにますます磨きをかけていく。

変化とは、整理された形で提供されるわけではなく、ランダムに出てきたものから共通の要素を見出していく必要がある。だからこそ、同じ業界や分野で区分けしてしまっては自分たちにとって都合のいい話しか拾うことができない。区別や区分を飛び越え、生活者と並走する自分自身の感性によって整理する「共通整理学」の認識が求められている。

今振り返ってみると、これまでの40年間はそうしたことをトレーニングのように繰り返し行ってきた。そしてこの転換期の中、我々は次の50年、そして100年に向かって進み続けている。これからも新しい時代要望と生活者課題というものを再策定し、それを取り込み活用しようという人々に対して少しでも役に立つような考え方やアイデアを提示するためには、一度我々自身が原点に立ち返り、足元を見つめ直す必要があるだろう。40周年という節目にゼロベースで新たなスタートを切ろうという時だからこそ、我々にとってコアとなるものは何かという問いかけを改めて行うことが大切なのだ。そのためにも、これまでに出版してきた100冊近くに及ぶ書籍の中から、次の戦略に向けて我々が残すべき〝コンセプト虎の巻〟と呼べるものを整理しようというのがこの書籍の一つの目的である。

今回、これまでに育ててきたこの一本の木、いわば「コンセプトツリー」を改めて見つめ直し、そして再整理することで、多少なりとも次の社会に向けた新たな気づきや発想の手助けになることを願っている。

2021年12月　谷口正和

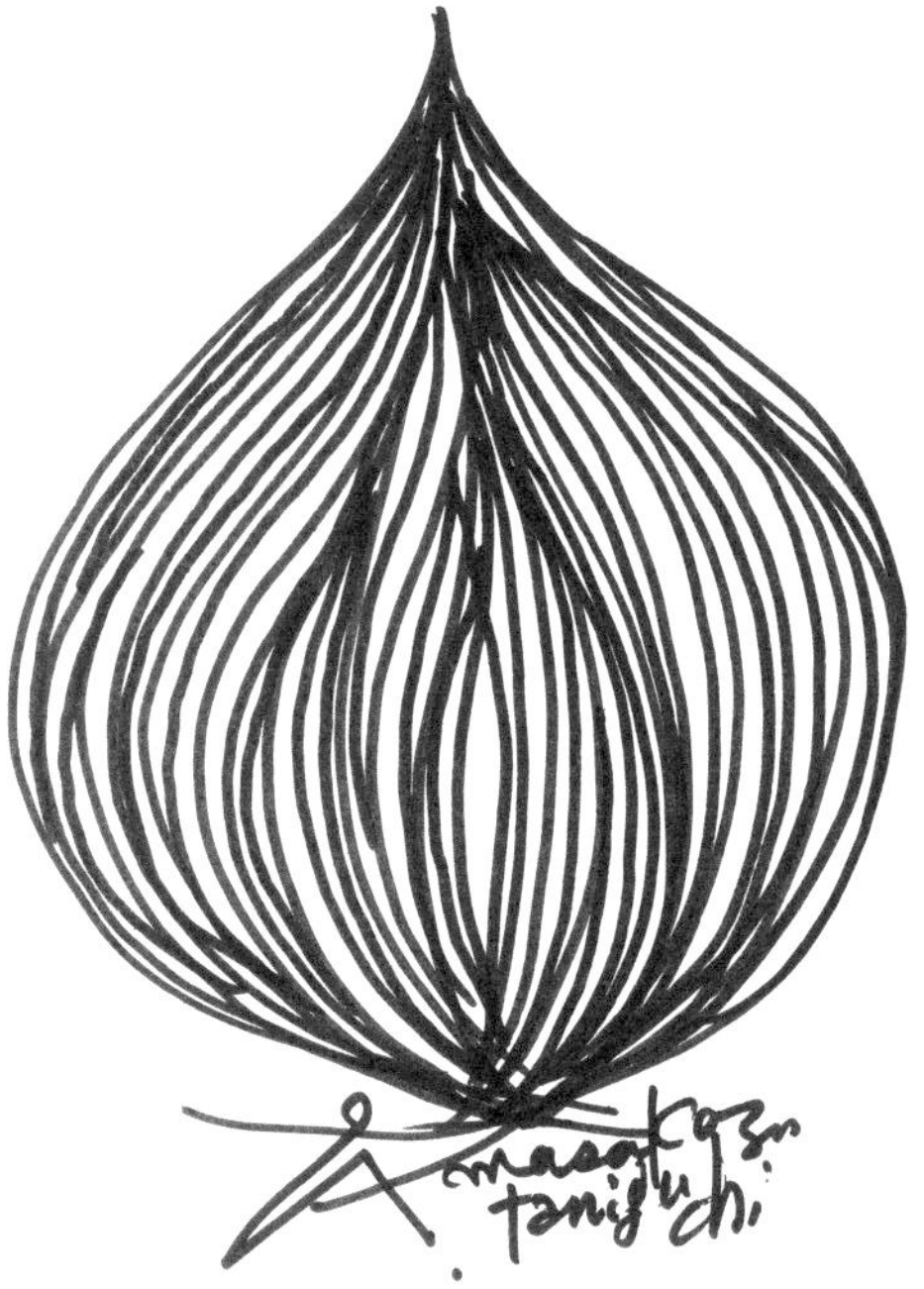
masakazu
taniguchi

目次

1992年
顧客の見えざる心に愛の矢を
顧客満足的中率 82
かんき出版

1992年
顧客は呼びかけによって創造される
お客様創造主義 83
プレジデント社

1992年
本質を問いかけることでチャンスが生まれる
時代は「内に向く」 84
講談社

1992年
京都に学ぶ生き延びる知恵
京都の発想 86
徳間書店

1993年
考え方に戻り、方法論を再編せよ
ポリシーとスタイル 88
ビジネス社

1993年
自己内投資に賭けよ
直観の原則 90
TBSブリタニカ

1993年
未来に対する新しい種まき
発想の画帖 92
プレジデント社

1997年
すべてのビジネスに〝楽習〟を搭載せよ
楽習の市場 108
日本コンサルタントグループ

1997年
個人の感動が劇的な商品を生む
感動商品ヒット117 110
同朋舎

1998年
遊びとは脱日常である
「遊び」力をつける 111
日本経済新聞社

1998年
顧客と共に育ち合う「協創の時代」へ
CSミサワホームの挑戦 112
ダイヤモンド社

1998年
顧客の課題解決によって顧客を創造する
カスタマーソリューション 113
産能大学出版部

1999年
ヒューマンデザインの時代へ
企業経営とデザイン 114
ダイヤモンド社

1999年
未知なる感性との遭遇
デジタル感性 116
産能大学出版部

Concept Walk

提案力の時代へ
マーチャンダイジング発想法

１９８１年　日本コンサルタントグループ

新しい時代において、企業に求められるのは新しい役割であり、従来的役割から脱却し、時代を見据えて発想を自由にすることが重要である。これからのマーチャンダイジングに必要なのは構想力であり独創力、それを当書では総体的に「提案力」と表現している。

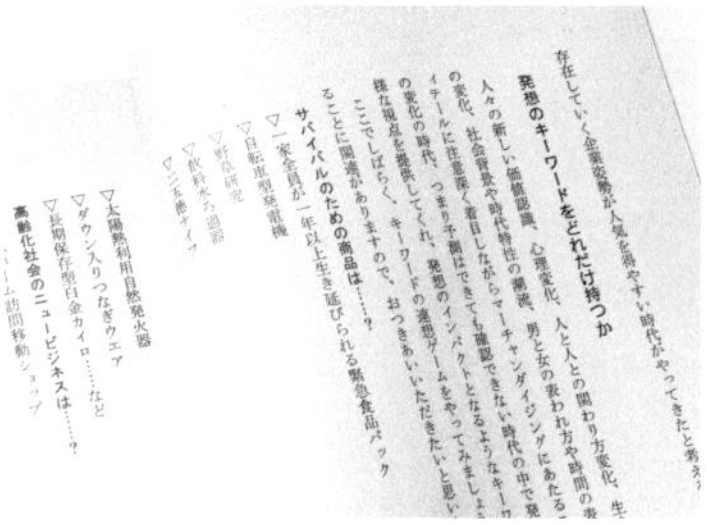

“不”の問題への着眼点

マーチャンダイジングの本質と指摘するのが「人々の困っていることを発見する、そしてそれを解決するための物づくり」である。では、困っていることの発見方法、着眼点はどこかにあるかというと、人々の不満、不安、不足、不信、不健康、不経済、不備、不良などに注目すること。これらの“不”を問題とし、自分たちの持てるあらゆる知的・物的資源を駆使し解決策を企画立案実施する——このことが担うべき役割を認識することとなり、創意工夫あるポイントをニューコンセプトとして計画していく重要なプロセスとなるのです。

目次

第１章　商品づくりの原点を問う
第２章　市場としての日本型社会
第３章　ライフスタイル・トレンドをつかめ
第４章　マーチャンダイジングの新視点

〝売る〟ための自主的な提案を

サバイバルマーケティング 売る。売らない。

1982年　ビジネス社

物が売れなくなった現在から過去を振り返った時、そもそも本当に「売る」という意思のある自主的な発想ゆえに売ってきたのかを当書では問いかけている。今こそ、受け身ではなく「売る」あるいは意思を持って「売らない」という自主的な提案が求められている。

不安心理から生まれるサバイバル意識への対応

現代を生きる生活者心理の奥底に渦巻いている不安感、その現実をとらえ、見つめていこうというのが「サバイバルマーケティング」の視点である。不安心理を包み込んだ社会状況は、人々にどのような価値観、どのような生き方の発想を呼び起こしているか。当書ではサバイバル意識から生まれたいくつかの価値観をあげながら対応策のヒントを提示している。

目次

新しい生活提案を目指して
コンセプト100

1983年　日本コンサルタントグループ

生活の提案こそが重要と言われていながらも、なかなか新しいカタチにつくり上げることができずにいる企業も少なくない。そうした状況を受けて生まれた当書は、「新しい生活変化と新しいお役立づくり」の実現を目指す企業のビジネスに、意欲と発想的刺激を与える目的で書かれたものである。

当書の役割は、生活提案という抽象化された言い方の中にある具体的な注目点を明らかにし、マーケットとしての存在を発見すること。そして、その視点をどのように理解することが大切であるかを指摘するところにある。新しい視点に着目し、それにどう対応、工夫、創造していくかをできる限り簡単に提示し、さらに生活マーケティングという切り口で、具体的なストーリーや現状も交えながら100のコンセプトにまとめたものである。

求められる生活提案力の強化

新しい生活への提案力づくりはライフコンセプトを手に入れることから始まる。そのために当書では、注目に値する100の着眼点、コンセプトを整理している。新しい生活づくりに役立たない企業は次の時代を担うことはできない。生活サービス、生活情報を求めるユーザーにキチッと対応することが成長の新しい条件である。その条件を噛み砕いたところに、「コンセプト100」の意味もあると言える。

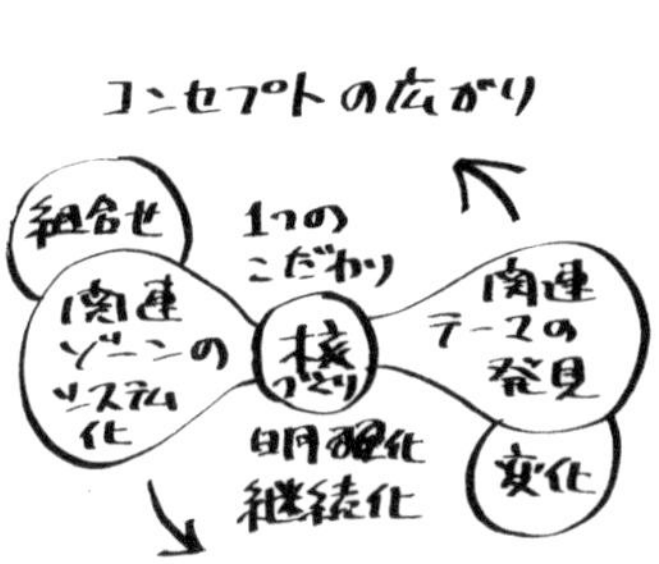

目次

1　失われた時間　LOST TIME
2　日々新鮮　FRESH
3　ホスピタリティ　HOSPITALITY
4　マルチコレクション　MULTI-COLLECTION
5　パーソナル・アイデンティティ　PERSONAL IDENT TY
6　変化力のブランドメイク　CHANGING POWER
7　ソフト&ライトの時代　SOFT&LIGHT
8　タモリ化社会　HYBRID JOKE
9　ホンネ　TO TELL THE TRUTH
10　ロマンの時代　ROMANESQUE
11　聖域避難所　ASYLUM.
12　環境移植　ENVIROMENT TRANS-PORTATION
13　できごと　EVENT
14　変身　METAMORPHOSES
15　愉快　AMUSEMENT
16　知性の蒐集　COLLECTIVE INTELLIGENCE
17　孤独感　LONELINESS
18　低齢化　DOWNWARD
19　カタルシス（情念解放）CATHARSIS
20　参加　JOIN-
21　ギャラリー　GALLERY
22　緑のムーヴメント　GREENING
23　近未来　NEAR FUTURE
24　ヌード　NUDE
25　スパッ！　CUT!
26　第3文化　The 3rd CULTURE
27　不便の再発見　ANTI-CONVENIENCE
28　一週間　ONE WEEK
ほか

混乱の時代を捉える融合の視点
第3の感性
1986年　プレジデント社

1980年代後半から1990年代にかけて、次第に大きくなっていったのが情報化という名の河である。時代は「鮮度」を中心に動くようになり、生活者はその流れに沿うようにして、面白いもの、珍しいもの、新しいものを求めて泳いでいた。そしてこの河にあふれ出たのが「融合の渦」である。融合の渦とは、「男と女」「西洋と東洋」「昔と今」といった相反する概念が流入しあって作り出す、全く新しい情報化現象である。この書籍で強調しているのは、こうした新たな現象をごく自然なこととして受け止め、流れに抗わずに変幻自在に対応するということである。過去のやり方は全く通用せず、昨日までの価値観は自分自身を縛るだけ。だからこそ、時代の表情を素直に見つめる目をもって、情報の河に生まれた融合の渦と、その中から浮かび上がる「第3の感性」を捉えることが重要となるのである。

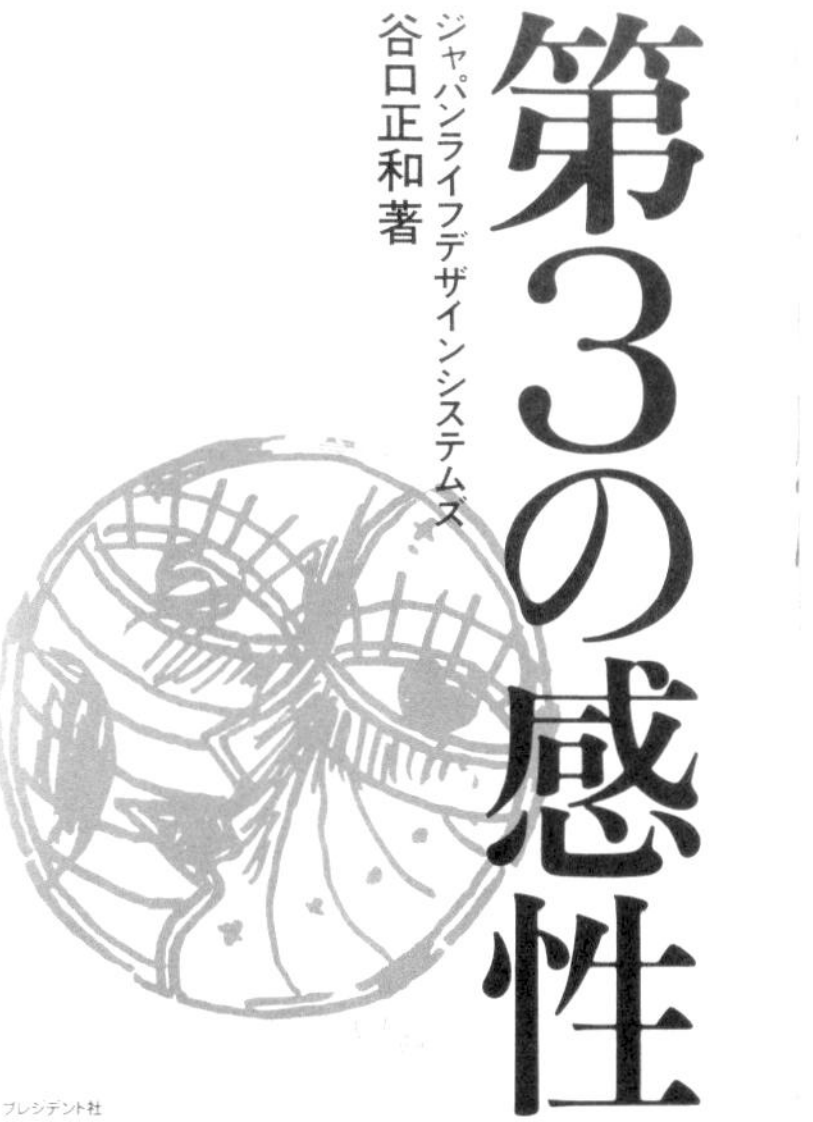
第3の感性
ジャパンライフデザインシステムズ
谷口正和著
プレジデント社

目次

相反する概念が混じり合っていく中、融合の視点をもって見つめるためには「Wフィルター」という眼鏡を使うことで時代がよく見えてくる。ここでは、書籍の中であげている１５０に及ぶ対抗概念の中から、特徴的なものをいくつかピックアップし紹介したい。

①仕事と遊び

資本主義社会における「働く」とは、我慢をしながらでも金銭を得ることが目的で、大多数の人が「いつかは遊んで暮らしたい」という思いを持って働いていた。つまり、仕事や労働は、遊びや余暇と対比的な概念として捉えられていたのである。しかし、現在は面白いコト、あるいは自分の中にある興味や関心がそのままビジネスとして成立する時代。従来の仕事と遊びの境界線が消滅し、遊んでいるかのように面白みを持って仕事をする時代がやってきている。

②休日と平日

１年のおよそ３分の１が休日を占める現在、平日が日常、休日が非日常という認識はすでに過去のものになっている。平日・休日という画然とした区分けが不可能になり、１日の中で、あるいは１週間の中で設計する時代になっている。日常性と非日常性は区別する

モノを減らし「自分」を浮かび上がらせる

モノの時代とは、モノに頼っていた時代。何かを表現するために「モノに語らせていた時代」とも言える。多くの人が価値を認めるような高級品を身の回りに侍らせることにより、自分のステイタスを語らせることが「自己表現」であった。

しかし、すでにモノは自分を語らない。自分というものをいかに浮かび上がらせるかが情報化社会の「自己表現」である。自分の周りをモノで囲んでしまっては、自分というものが明確に見えてこないのは当然のことと言える。

それゆえ、情報化社会のモノは虚飾を嫌う。できるだけシンプルに、できるだけ洗練されたスマートさを追求するのが情報化社会のモノのデザインの基本である。モノを抱え込みすぎると、結局は隣で同じモノを抱え込んでいる「他人」との見境がつかなくなってしまうのが情報化社会の人々の「自分」「他人」認識とも言える。

さらっとしていて、全体のまとまりがよく、トータルなバランスの中に浮かび上がってくる「自分」。そんな自分が好きなのが情報化社会の自分観である。それはある意味で、一度「自分」を「他人」視し、もう一度「自分」を「自分」として確認する作業。それこそが情報化社会のパーソナル・アイデンティティなのである。

ものではなく、むしろ渾然一体としてきているのである。

③聞くと話す

モノの時代が「話す」であれば、情報の時代は「聞く」、つまり勧める時代から耳を傾ける時代へと移行しているということである。変動性・流動性が重視される情報社会において、絶対にやってはならないことが「決めつける」こと。物事を固定的に見ないためには、変化に対して素直になり、時代の声に敏感であることが要求される。これを解決するのが「聞く」という姿勢なのだ。

④アウトドアとインドア

今でこそ、アウトドアウェアが普段着になったり、グランピングといったような外にいながら部屋の気分を味わえたりと、内と外の境界線が融合しつつあるが、当書ではこの時すでに室内を室外に持ち込む、あるいはその逆の楽しさを指摘している。さらにエコロジーについても触れており、地球を一つの宇宙船、つまりは大きなインドアの中に人間と自然が共生しているというのがエコロジーの本質的な考え方と説いている。

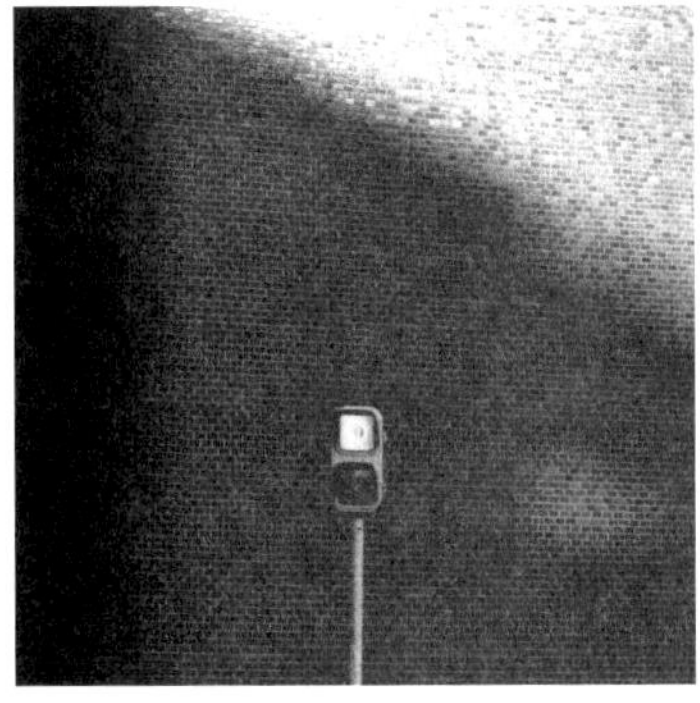

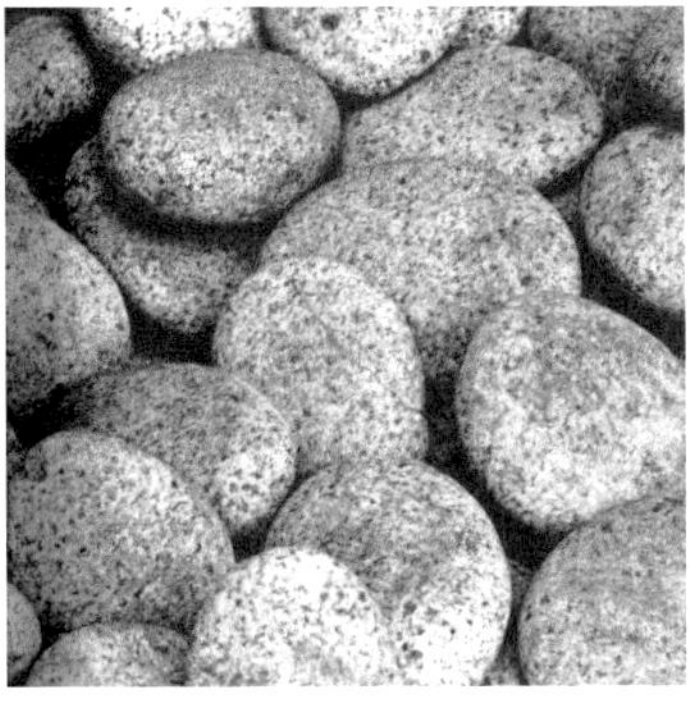

すべてを〝一週間の波〟の中で

一週間の波

1986年　日本コンサルタントグループ

情報化社会の真っ只中に入り、時間の流れをあらゆる価値の支点に置くことが不可欠となっている。〝時間の波〟を我々の生活の中に見つけ出していく作業が、新しいライフスタイルを決定していく上で重要になるわけだが、その際に我々はどの波に乗って暮らしているかを把握しておく必要がある。

その波として、当書では次の６つを挙げている。一年の中で一巡するだけの「一年周期の波」。シーズン単位、四季の「春夏秋冬の波」、さらに短く見ていった際の「マンスリーの波」、そして「ウィークリーの波」、３６５日で変化する「日々の波」、それをさらに噛み砕いていく「24時間の波」。これらの中で、我々が最もベースにおいている波として浮かび上がってきたのがワン・ウィーク・ウェーブ、「一週間の波」である。

54回のワン・ウィーク・ウェーブ

一年間でワン・ウィーク・ウェーブは54回ある。例えばショップでは、ワン・ウィーク・セールスのチャンスが54回あるということ。シーズン毎にワン・ウィーク・プランを立てるとすれば、当然のことながらそのシーズン特性を前提にするため、それぞれのワン・ウィーク・ウェーブに〝色〟がつく。月毎にプランを立てるなら、その月のいろいろな社会的行事やイベントを加味させようとするため、ますますタイムリー性が高くなる。さらに週毎にプランを立てれば、その週がどんな週かより鮮明になり、タイムリー性は強烈に発揮される。

この①シーズン毎の予測、②月毎の予測、③週毎の予測を3つともやって重ね合わせたとしたら、これはもうほとんどベストのワン・ウィーク・ウェーブ・プランと言えるだろう。同じワン・ウィーク・ウェーブ・プランでも

多角的な側面をできるだけ持った方がいいということである。

変化力のためのワン・ウィーク・ウェーブ

ワン・ウィーク・ウェーブを次々と開発し、連打していこうというのは、実は変化力をつけるためのトレーニングでもある。情報化社会においては、変わることのみが生の証し、ビジネスが活発化している証しなのだ。

ワン・ウィーク・ウェーブ・プランとは、週単位の変化、年54回の鮮度表現というものをプログラミングしていこうとする態度のこと。つまり毎週、年54回同じお客様が来ても決して飽きないための鮮度表現としてのワン・ウィーク・ウェーブ・プランなのである。

一人のお客様がいつ来ても飽きないようなドラマをどう演出するか、これからのショップ・マーチャンダイジングのポイントと言えるだろう。

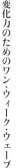

「週単位」こそ、現在の社会そのものが抱える波というのが当書の指摘である。この週単位のリズムというものを見つめなければ、今のライフスタイルを解き明かすこともできなければ、新しいビジネスを考えることもできない。ワン・ウィーク・ウェーブ、ここに今のライフスタイルのほぼ全ての特徴が呑み込まれていると見るべきであろう。一週間というものをどう噛み砕いていくか。当書では、一週間の波の乗り方、乗せ方、在り方などをポイントにしながら分析を試みている。

このイラストは、著者の考える一週間の波を曲線化したものである。

このラインについて解説すると、まず一週間の波は日曜日からスタートする。月曜への準備段階としてスタートした日曜日の波は、月曜日、火曜日へと向けてファーストウェーブを描いて盛り上がっていく。一週間における最初の波

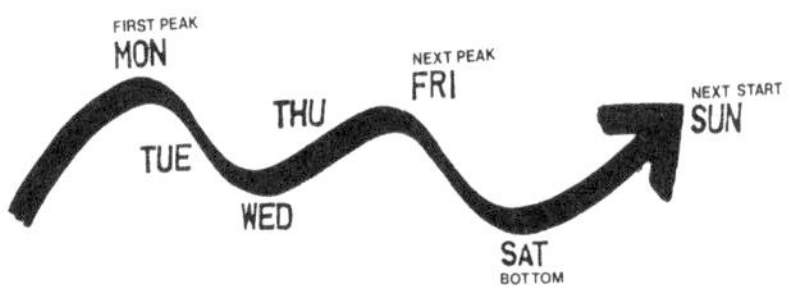

情報化社会の一週間は、
このような波で
えがかれるに違いない。
全ての事象は、この波のうえで
見ていかねばならない。

目次

は日曜、月曜、火曜と〝ノリ〟を作り、水曜日で〝小さな底〟を迎える。この小休止によって再び活力を取り戻した一週間の波は、セカンドウェーブである木曜日、金曜日へと上昇していく。現代のライフスタイルでいけば、この金曜日のピークは一つの大きな山、金曜の盛り上がりを過ぎた一週間の波は、次の土曜日の時点でドーンとボトムを形成する。そしてまた土曜の夜から日曜の昼に向けて波は急速に上昇し、そのまま次の一週間の波を迎えるのである。

　こうして一週間の波は永遠につながり、循環していく。そして我々は、全ての事象をこの波の上で見ていかなければならないというのが当書の指摘するところである。

顧客特定化競争の「罠」とは。
物的属性はデータベースにならない。
情報化社会の顧客に対しては「興味」の連打。
どれだけ「興味」を連打できるか。
特定化とは「興味」と「情報」の特定化のこと。
決めつけずフラットな顧客を。
「興味」の変化を素早く知る。
徹底した「アンケート」作戦を。
オーダー・メニューを用意する。
54回の「ワン・ウィーク・ウェーブ」。
週単位で情報を編集する。

「一週間」のコミュニケーション論

情報化社会のコミュニケーションとは。
「参加性」がコミュニケーションの軸。
阪神優勝は〝情報化社会のできごと〟。
マスの時代は終わった。
小さく、細かく、「コラム発想」。
全ページ広告は単純な「量」発想。
〝循環〟する広告の在り方とは。
電話はツーウェイ・メディア。
ファクシミリはこれからのメディア。
コミュニケーションは、〝出会いの場〟づくり。
テレフォン番組の有効性。
セールスマンは「聞く」時代。
「元気が出るテレビ」は情報循環番組。
情報循環社会の生活者の態度。
「リトル・インタレスティング」の時代へ。

「一週間」のイメージ論

「一週間」ウェーブのカタチ。　ほか

生活の旅化現象

旅立てジャック

1986年　プレジデント社

あなたは牢獄に座っている――。そんな印象的な一文から始まる当書は〃旅〃というコンセプトをもとに99のモチーフを書いたものである。普段の生活そのものが旅化し、生きることが旅の概念と符合する時代。実際の旅行が人々に日常的なこだわりを捨てさせるのと同様、生活や生き方も自らの興味と関心の赴くままに、自由に旅をしていくようになってきている。いろいろな興味の推移、移動、道程、そういったものの中で、その人自身の〃旅の在り方〃をクリアにしていこうという時代である。

多くの人が普段の生活の中で現れる興味の入口から、次の新しい村、人、生活、生き方、世界へと旅立とうとしている。旅こそ、この時代の生活者を言い当てるキーワードであるというのが、この書籍で指摘している核である。

情報の大波によって破壊された牢獄

旅にまつわる99ものモチーフから成る当書の最初のテーマが「牢獄」である。そしてその牢獄を崩したのが〃情報〃だ。あらゆるメディアを通して発信される情報によって牢獄への決別が促され、私たちはそれぞれのウェイ・オブ・ライフに向かって歩き始めた。一体何が〃ジャックというあなた〃を幽閉していたのか、あなたを見張っていた看守は誰だったのか、刑を宣告した裁判官はどこにいるのか、そもそも罪状は何だったのか。人々を縛っていた社会の枠組みが崩れ始め、あらゆる分野でパラダイムシフトが起こる中、新しい生き方への渇きが、ジャックたちを未知の旅へと駆り立てている。

トラベルの語源は「拷問」

トラベルの語源はラテン語のトレパリウム、意味は「拷問」だという。それほど昔は旅に出ることが苦痛だったのだろう。旅は、不慮の事故や予期せぬ危険が待ち受けるトレパリウム（拷問）であり、トラバーユ（労働）だったのである。「住めば都」という言葉があるが、一カ所に永く止まっている人は、いつしか苦痛でさえ喜びや心地よさとして甘受するようになる。だが一度でも外の価値観、新鮮な外気に触れてしまったものにとって、それはもはや牢獄でしかない。自らの位置が牢獄の中にあると知ってしまった時、人は必ずや逃亡を企てる。今、牢獄の扉は内側から破壊されようとしているのである。

タイトルにもなっているジャックとは何者か。ここでは、一人の男性の名前というよりも、『ジャックと豆の木』で遥か空の上まで伸びたツタを登って行った子どもと考えるほうがふさわしい。つまりジャックとは男でも、女でも、子どもでもあり、そしてあなた自身でもあるのだ。

　興味は外側に存在するように見え、実は内在するものであり、内的発見であると、この書籍では指摘している。旅というものは最終的には自らが自らを発見する旅に出発する、いうなれば「内なる旅」に必ず符合してくる。外を旅すればそれは必ず内を変え、内を旅しようとすればそれが外への変化という形で必ず表れてくる。内が内だけで終わるような内部循環の中では、もはや興味は死んでいくしかない。

　興味というのは、まさにうごめいていく様を点でつないでいこうとする態度に似ている。点描型のイラストレーションである。全てを点で結んだ時、あなたの点の移動はどのような絵を描きあげただろうか。それがあなた自身の人生でもあるし、あなた自身の興味の集大成の絵なのである。

目次

形骸化した固定概念、生活概念の網を少しずつ切って旅に出る。まずはそこからスタートを切る必要がある。牢獄を出ることによって、あなた自身がもう一度、人が生きること、生活することの自由や楽しさを取り戻そうとしている。人はもう一度生まれ変わるために旅に出る、と言うこともできるだろう。

面白がろうという生活態度が、すなわち旅立とうという情況そのものなのである。言ってみれば毎日が発見や探検の連続であり、日常の生活こそが宝島なのだ。興味を持たない人にとって地球は壮大である一方、「興味を旅する」という視座を持った旅人にとって、世界はますます狭く小さなものになっているのである。

牢獄から始まった旅は、興味・関心の扉を開き、一つの終着点として「地球人」というコンセプトにたどり着く。国も、民族も、戦争も、憎しみも、孤独も、すべてが宇宙の視点から見れば「コップの中の嵐」に過ぎない。皮膚の色も民族の違いも無意味となり、オンリー・ワン・アースの上に暮らす単一のアーシアンとなった今、私たちの旅は宇宙へとつながっていくのである——。

57 携帯
58 車
59 帽子
60 パーティー
61 手軽
62 お土産
63 港町
64 駅
65 宗教
66 言語
67 異国
68 絵葉書
69 手紙
70 靴
71 募集
72 ゲーム
73 老い
74 家族
75 京都
76 家出
77 本
78 想像力
79 コレクション
80 通過
81 貨幣
82 鳥
83 伴侶
84 休日
85 迷宮
86 浪費
87 音楽
88 合言葉
89 移動
90 想い出
91 進化
92 夜
93 散歩
94 迷い子
95 寓話
96 東京
97 ふるさと
98 国
99 地球へ

映し出されたように存在する社会

ミラー・ソサエティ

1986年　ＰＨＰ研究所

当書では、「社会力」の重要性を繰り返し強調している。ここでいう社会力とは、自己が他からどのように認識されているかを知っていること、つまり「自己の客観化」である。これは国や企業、個人のいずれにおいても同様であり、〃フィードバックされる自己〃といってもよい。街の中で、生活の中で、人々は自己表現力を高めている。自己表現力とは、自己がどのように存在しているかということを客観的にポジショニングできるということである。つまり、ただ勝手に何かをやっていることと、自己表現、自己能力とは無関係である。

現在は〃見えているように存在しよう〃という時代。どのように映し出されているか、どのように客観化されているかをいかに自己のものとし、新しいパワーに変えるかが重要となる。

「地球人時代」の始まり

我々の生きている時代は、「地球人」と呼ばれる新しい時代のスタート地点であると、当書では指摘している。その理由は、我々の時代が、初めて生きている地球が生で映し出された姿を見た時代だからである。この出来事以降、地球上で起きる全ての出来事は「全地球」のレベルで語られざるを得なくなったというわけだ。言ってみれば、いま我々の行為は地球という大スケールの鏡に映し出され始めたということである。

宇宙からの視線は思考のスケールを拡げる。外から地球を見る、これはその体験をした「地球人時代」の人々のものの見方を変えずにはおかない体験といえる。

目次

地球化を拒否するものは全て滅びる

地球人

1987年　講談社

当書は、国際化が進む中で必然的に社会が向かっていく「地球化社会」へのメガトレンドを指摘したものであり、その潮流を140の項目で俯瞰したものである。現在、世界中で起こっている紛争や闘争のほとんどが、国や民族など〝地球人以前〟の段階で起きているものと言える。我々は日本人でもアジア人でもなく、皆すべからく「地球人」なのであり、その流れは無意識から意識的に、潜在から顕在へとシフトしている。こうした地球化時代においては、あらゆる企業もビジネスも、人も芸術も、「地球人のために」という視座を持たないものは、いずれ滅びる運命しか待っていない。一カ所に閉じこもって自分たちだけの利益を守ろうとしても、地球の怒りは誰に対しても平等なのである。「地球人」、この概念こそ、あらゆる企業の存続を許すカギといえるだろう。

地球人時代の2つの柱

全ての垣根が取り払われ「地球人」になった時、私たちは壮大な2つのテーマに出会うこととなる。一つ目は「大いなる未知との遭遇と不安」である。全く未知なる存在である宇宙生命体と対峙した時、大いなる不安に対して遂に地球というアイデンティティを確認することができる。二つ目は「大いなる可能性」である。宇宙は誰のものでもなく、その意味であらゆるイマジネーションを許す世界と言える。宇宙という大いなる可能性に対して、我々は再び横一線に並び、新しい活動をスタートさせていく。不安と可能性、これを大きな軸としながら、私たちは地球人の時代へと突入していくのである。

目次

背徳／疑惑／快楽／空想／想像／無限／自由　ほか

II　匂い

神／真実／愛／プラスチック・バッテリー／無私／狂気／警告／暴力／占星術／最外／二四時間／銀河系／世紀末／不可能／曖昧模糊／異常

III　魚

反抗／情報化／芸術／気／遺産／原子／ピース／宇宙開発／人工冬眠／むら／光／電波／真実／生態学　ほか

IV　宗教

アトモスフィア／集中／カリスマ／勇気／夢／躁鬱／無知／空中飛行列車／奇想天外／祭り／存在／パーフェクト／潜在意識／混乱／擬似戦争／摩擦

V　未知

世論／操作／緑化／地球教／機能／衛星／ソフト・エネルギー／力／一アース／言葉／通信／子供／宗教　ほか

VI　警告

バイオ／生命／植物／動物／テレパシー／不安／E.T.／病気／危機／UFO／星座／ポスト・モダン　ほか

VII　森

共生／有機的結合／威嚇／ロボット／ラスト・ウォー

権威／二一世紀／新しい男／六占星術／伝統／美意識／伝説／死／童話／誕生／民族／昔話

VIII　生命

神話／時間／奇型／権力／自然／触媒／音楽／踊り／秘密／流動／オカルト／魔／巨人／超／旅人

IX　指導者

万博／鳥／予言／辺境／都市／移動／季節／土／酸素／台風／スカイ・スクレーパー／プレート・テクトニクス

X　循環

タイムコンセプトの時代！

24時革命

1987年　日本コンサルタントグループ

情報の時代では鮮度が重要視され、まさに時間というものがすべてのコンセプトの入口になった。タイムコンセプトの中でさらに時間の流れを追いかけていった場合、そこに「1日＝24時間」という時間の流れが出てきて、この24時間のどの時間帯にもすべて情報的な意味が付加されている。国際化、さらにはそれを超えた地球化が進行する中、地球は「24時間同時進行」がコンセプトとなった。その時代においては、例えば従来は8時間労働だったところから、様々な技術や方法も使いながら24時間労働に変えていくといったように、時間は区切り目のない連続体としてとらえることが重要となる。24時間同時進行の中で、一人ひとりの生き方や働き方、考え方、ライフスタイルなど、あらゆるものの時間再編に対する新しい要請が出てきていることをここでは指摘しているのである。

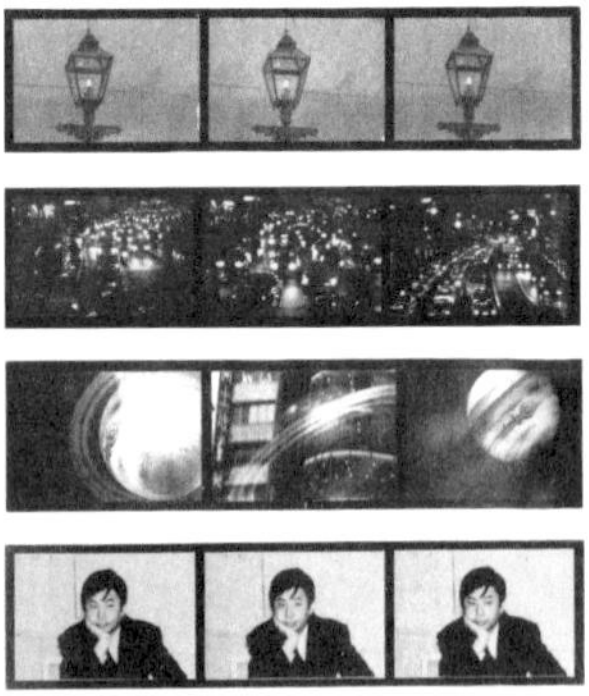

情報移動によるエリア再編を

「タイムコンセプト」を考えた時、「時間活用力」が新しい軸となり、従来の〝場所〟という固定概念にとらわれたエリアマーケティングが過去のものになることも、当書では強調している。どのくらい距離が離れているかではなく、どれだけ時間がかかるかという視点でエリアを再編する必要がある。つまり、モノの移動ではなく〝情報の移動〟という視点で時間を見た時、東京と千葉の時間距離も、東京と福岡の時間距離も同じということだ。決して従来の地理的な問題ではなく、情報移動を軸にしたエリアの再編というものを考えていかねばならないということである。

目次

Ⅰ　**地球24時**…ＥＡＲＴＨ24
あなたはそこにいるのですか？／ズレた時間／砂の嵐に吹かれる骸骨／差異の統一に向かうトレンド

Ⅱ　**ヤング24時**…ＹＯＵＮＧ24
自遊市場／朝のシャンプー娘たち／真夜中の空室捜し

Ⅲ　**ショップ24時**…ＳＨＯＰ24
デパートは夜へ向かう／メディア・ショッピング／自動販売機時代／深夜ブティックは何処へ

Ⅳ　**女性24時**…ＷＯＭＥＮ24
スポーツ熱、さめるところを知らず／ダイレクトマーケティングと女性二四時間／二一世紀を担う女性像と「時間」／働く女性と子育ての時間

Ⅴ　**メディア24時**…ＭＥＤＩＡ24
ミッドナイト劇場／録画チャンネル4・5／インテリジェントビルでいこう／フリータイム・ワーキング

Ⅵ　**郊外24時**…ＳＵＢＵＲＢＡＮ24
「Ｗ」の喜劇（神奈川編）／シー・スルーで深夜もウィンド・ショッピング（京都編）／深夜急行配達人（大阪編）

Ⅶ　**文化24時**…ＣＵＬＴＵＲＥ24
時間の悪戯／知的好奇心／カルチャー！カルチャー！

Ⅷ　**食24時**…ＥＡＴ24
カップラーメンに見る現代食文化考／喫茶店に訪れた試練／ＴＶディナー／現代の「酒場」考

Ⅸ　**旅24時**…ＴＲＡＶＥＬ24
駅について／バスについて／列車について

Ⅹ　**生命24時**…ＬＩＦＥ24
時計は誰のもの？／アンドロジュニー細胞融合／バベルの塔再構築／時代の病いはドーパミン過剰　ほか

情報のシャワーから変化の方向性を見出す

眼力

1987年　ビジネス社

あらゆる所で次々と変化が起こる社会において、数多くの変化情報を整理し、そこから共通項を見出してビジネス化する力が問われている。そのために必要な「眼力」、つまりは顕在する変化からネクスト・マーケットを見る力をどのように身につければよいか。「眼力」を鍛えるとは、現象と変化を何度も見て、その中にある共通項を読み取る力を養っていくということ。時代の変化を見続けていれば、だんだんと潮流が見え、次なるトレンドが分かってくる。その意味において、市場や時代はあなたの目の前を流れていると言うことができる。時代の流れを見て、新しいマーケットの変化、新しいコンセプトの登場が少しでも見えたら、それをあなた自身の中にすぐに取り入れることが重要だ。人よりも早く取り入れることがこの時代の大きなポイントとなるのである。

時代の中に知恵がある。
誰もが知恵を求められ、
新しい行動を起こす時が来た。
あなたも同様である。
着眼のアイデアを、
ニューコンセプトを、
ノートにまとめた。
活用のチャンスが来た。

ISBN4-8284-0332-9 C0036 ¥1200E ビジネス社 定価1200円

トレンドは世の中が教えてくれる

当書では、変化の中から見出した150のテーマが提示されているが、これは読者の誰もができることだと強調している。ポイントとなるのは、一見無関係なところの変化をつないだところに新しい共通項があるということ。例えば、観光、病院、ファッションなどのビジネスに出ている変化に対して、従来の業態区分で考えるのではなく、新しい共通項探しの視点から見ていくような態度である。情報をとるメディアも、なるべく多種多様のメディアをピックアップし、横軸に増やしていく。人もまたメディアであるから、周囲にジャンルの異なる仕事の人や、ライフスタイルの違う人などがいるかも重要だ。その中から、何か共通する大きなもの、明日へ向かう力となるもの、そういうものを発見する力「眼力」を磨いていくことが大切なのである。

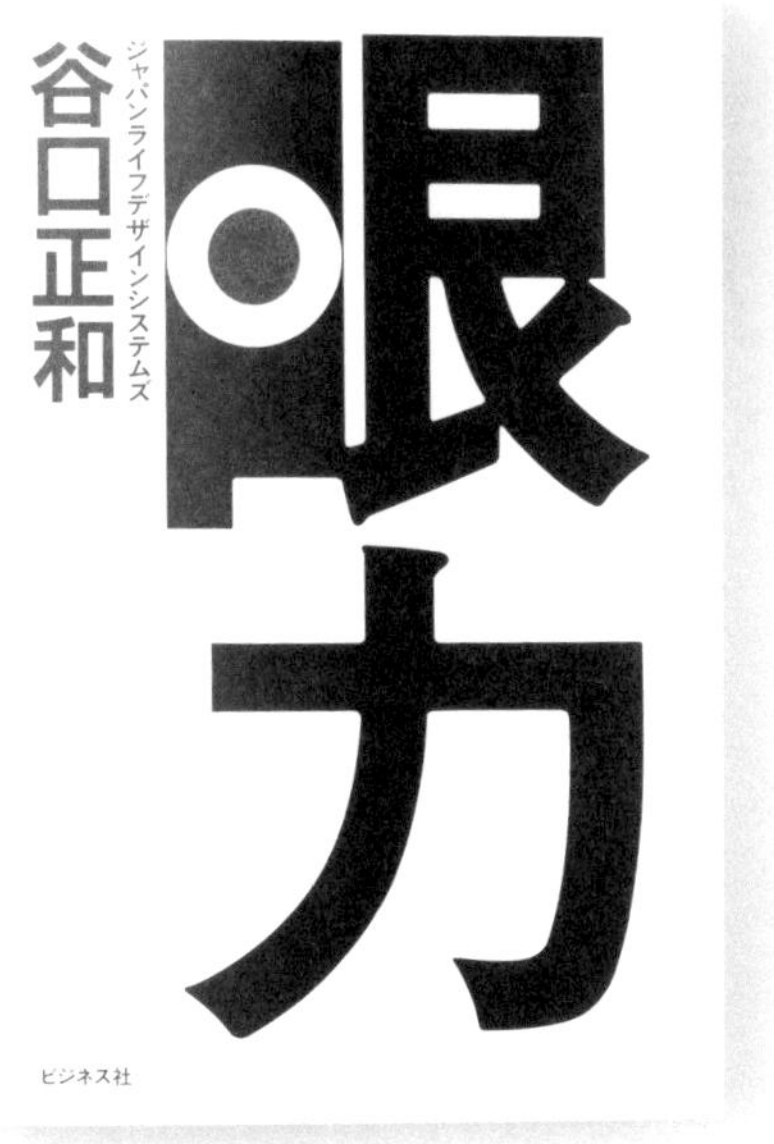
谷口正和
ジャパンライフデザインシステムズ
眼力
ビジネス社

目次

〝観光化〟の視点を踏まえて発想する時代に

大観光産業時代

1988年　日本コンサルタントグループ

モノが不足していた時代から、情報とサービスの時代に突入した今、人生において本当の豊かさを求める〝マインド贅沢〟が許される段階にきた。緊張と真面目の上に築いてきた基礎期が終わり、さあ〝いよいよ遊ぼう〟という「ニュー・リゾート」の時代が到来した。あらゆる企業やビジネスは、観光とニュー・リゾートに対する視点と事業姿勢を持たなければならない。そしてここでは、地方創生に対しても述べている。観光化社会とは観光的集積性を高めていく競争をする社会。その視点で地方を見直すと、地方には基本的資源がもともと存在するということである。ローカルの再構築の中で最も重要なポイントは、自然に対する再投資であり、自然の生命力によって都会人を包み直す空間を提供することがローカルの観光資源であることを理解しておく必要がある。

「100年人生」は楽しむことが活力に

「人生100年時代」と言われて久しいが、すでに当書でも〝100年人生〟について言及している。生活と人生というものを最も活性化するのは、明日を生きる力=生命力であるが、それが生きるにふさわしい〝100年人生〟というものをビジョナイズしてくれているという指摘である。つまり、人生は〝楽しむ〟ということをベースに再編されるべきであり、それこそが大観光産業時代の基本的な視点なのである。

目次

川崎／旧古河邸／杉並知る区ロード／越前大仏

III　お土産

金閣寺付き「根性」がスーベニアの王道　／ショップ・バッグ／映画のパンフレット／今どきのお土産／田舎の土産と都会の土産　／業界弁当「パクチカ」　／ディスティンクション・メンズビキ／グリーン・シャトル

IV　祭り

芸能人特報／一七七／リサイクルショップ／後楽園球場／縁日／丸井DCバーゲン／学園祭／コンサート／フィルムフェスティバル／西武百貨店

V　自然

松島／沖縄／上高地／知床／天之橋立／古原／筑波ほか

VI　神社仏閣

山雲大社／伊勢神宮／春日大社／柴又帝釈天／金閣寺／原宿／晴海／神戸／湘南／池袋

VII　旬

現代日本の旬／伊豆・松崎町／紅白歌合戦／上野花見
昇仙峡／札幌雪まつり／東京・下町／隅田川花火大会

VIII　東京

東京湾／バーボン・エクスプレス／はとバス／麻布十番／ルート246　／映画館／ストリート・スケーター

IX　ストリート

竹下通り／アメ横／歌舞伎町／キラー通り／有楽町マリオン／新宿地下街／銀座の二つの時計のある通り

X：遊園地

オリーブ／タワー・レコード／WAVE　／キディランドはキッチュの楽園／「太陽の塔」が語る新しい時代／後楽園＝ソーホー宣言　／「高くない、速くない、怖くない」　／ディズニーランド／ジェットコースター　　ほか

〃生キテル同ジ〃共生の時代

生命力

1988年　ビジネス社

「生命力」は全てが有機的にリンクするようになった時代の〃セントラル・コンセプト〃であるというのが当書での主張である。多面的に見える変化も、全てその中央に最大の共通項としての「生命力」を共有し合っており、今後予測される全ての成功も、この「生命力」の中にあるということ。ビジネスも生き方も流行も話題も、分断された孤立的な考え方の中にはない。全ては生き、呼吸し、往復し、お互いに循環的な立場で存在し合っているということである。時代の新しい流れを統合的に組み立てることができる、それが「生命力」であると指摘している。

「明日」を考える、それが生きることだと全員が気づきはじめた時代。企業も人も、全てが明日を目指して生きるということを応援しようという流れが生まれてきている。

鮮度＝変化を求め小さく回す

今では大きな潮流になっている「所有から使用へ」という変化を、当書ではこの頃からすでにその気配を捉えている。情報社会の基本は「鮮度」であり、それは全てのビジネスを「回数と回転化」させる。鮮度＝変化を求めるためには、小さく回せば回すほどよい。その方が次々と違う変化を楽しむことができるからである。「所有」は変化を妨げる。だからこそ、回数と回転をアップし、次々と鮮度ある変化を手に入れることが大切である。情報化社会の「使用」欲求は、まさに〃回数と回転〃と重なっているのである。

目次

9 墓
10 シナジー効果
11 映像
12 大長寿
13 歯磨・洗顔
14 セントラリゼーション
15 回数と回転
16 花パワー
17 複写時代
18 バイオマネー
19 物語
20 ジャングル
21 混沌のアジア
22 伝承
23 生活端末
24 水
25 無意識
26 ソフトエネルギー
27 人工知能
28 共通項
29 デジタル
30 バイオフィードバック
31 ネットワーク
32 大グローバリズム
33 新情報伝達産業
34 ペットナイズ
35 ライフスタイルマンション
36 フレキシビリズム
37 市場
38 集中と分散
39 色
40 野蛮
41 自然
42 野性
43 言葉
44 ウイルス
45 都市住宅進化論
46 運
47 神社仏閣
48 少年少女
49 ニュース
50 サイバー
51 世界輸出入
52 シングル
53 ニュースパルタ
54 24時間
55 表情力
56 シックスティーズ
57 卵
58 テクノロジー戦争
59 ノリ
60 郷愁
61 今
62 マルサする
63 統一
64 携帯エネルギー
65 リゾート
66 触れる
67 五感主義
68 生
69 身体
70 進化
ほか

大いなる美意識の時代へ

ザ・貴族

1988年　日本能率協会

モノの時代から、マインドとスピリットの時代へと突入し、経済的に豊かになることで文化的成熟も急速に促進された。その中で求められているのは高い美意識であり、それを持った人たちを当書では「貴族」としている。現代の貴族たちは、一方でグローバリストである。それゆえ、彼らの行動と発言は、かつての貴族のような階級的な閉鎖性の中に留まらない。決してただ裕福なだけの醜い金持ちではなく、優れて社会性の中で鍛えられ、磨かれ、グローバルな美意識と公共性を獲得した人たちによって、新しい時代の新しい貴族社会は形成されていくのである。誰もが貴族になった時代には、単なる経済効果の高いシステムだけでは通用しない。豊かな遊びの心をいかに高い美意識で包んで提供できるかだ。美意識を求める貴族たちの要請から、全てのビジネスは逃れることはできない。

現在にも続く貴族化の流れ

当書は、情報化社会からサービス化社会へと早くもシフトしつつある当時の生活者要請を50の視点から展望したものである。急速に成熟化する現代の生活者、特に若年層のニーズは、この『ザ・貴族』の視点を外してとらえることはできない。実際、男性も化粧で美を追求するようになることや、自ら足を運ぶのではなく届けてもらうケータリングサービスが盛んになるといった指摘など、現在にも通じる部分は少なくない。あらゆるビジネスにおいて、貴族化せざるを得ない時代を迎えている。

ザ・貴族
谷口正和
ジャパンライフデザインシステムズ
平安現象
朝起きて
何もする必要がない
——暇と遊びと
美意識の時代
日本能率協会

目次

〝流す・通す〟から〝回す〟への転換

メディアショップ

1988年　プレジデント社

パソコンも電車も人も、ショップ以外の全てのメディアもショップとして成立する「メディアショップ」の時代に突入した。当書で強く指摘していることの一つが、流通産業・小売業がモノをベースにして、それをより合理的・機能的に流す、通すということを繰り返してきた時代に終止符を打つことであり、顧客をすべての第一義に考えねばならないということ。店頭、あるいはそれ以外のメディアを通じて、顧客からダイレクトに要請や意向を聞き出す必要がある。その力を借りてモノやサービスを作り出し、再び顧客に戻す。一方的な「流す」「通す」から、「回す」への転換が求められている。顧客こそ情報の塊。顧客が潜在的に持っている情報を顕在化させ、あるいはその潜在的な情報の力を借りて選択をし、顧客と呼吸する関係を作り上げることこそ、これからの企業の目指すところである。

大切なのは〝最初のメニュー〟

情報化社会の顧客は、物的属性ではなく、情報への反応力によって以下のように把握することができる。

①オピニオン・カスタマー
情報感度が最も高く、彼らがトレンドの方向を決定する。

②センサー・カスタマー
トレンドにシナジーをかけるのが彼らで、オピニオン・カスタマーの芽を育てる。

③ナウ・カスタマー
量化することによって、ビジネスとして成立するボリュームマーケットを成立させる。

④ラスト・カスタマー
そのマーケットがプライス的にダウンした時に参入してくる存在で、彼らが参入してきた時、マーケットは一巡したことになる。

ジャパンライフデザインシステムズ
谷口正和
メディアショップ
MEDIA SHOP
流通産業はすべからく情報産業へ、再シフトしなければ生き残れない。
プレジデント社

情報化社会のビジネスは、この4つのグループの波を回すだけなのである。どの先行情報に顧客、特にオピニオン・カスタマーが反応するか。つまり、未来シミュレーション力によって〝最初のメニュー〟を競い合うことが重要な課題となるのである。

目次

変化の中から共通項と潮流を見つけ出す

時の料理人

1989年　ダイヤモンド社

情報は鮮度である。その上で、新鮮なネタの良さを活かしてうまいものを作ろうとする料理人と、情報を収集・咀嚼・加工・発信してビジネスを創り上げていこうとするベンチャー精神とは全くイコールであるというのが当書の着眼である。優れた料理人は、ネタひとつで料理をストーリー化し、話をまとめあげてしまう。料理をどのような順番で出すか、どのようなプロローグから始めてどのようなクライマックスを迎え、どのようなエピローグで終えるかは、まさにひとつのシナリオ作りだ。当書の特徴は、『時の料理人』というタイトルの通り、著者が〝情報の板前〟になり、次々と起こる旬の変化を拾い上げ、それをテーブルウェアリング、すなわち背景と状況を含めながらセット・アップしたもの。言ってみれば情報社会のビジネス・コンセプチュアルワークというものである。

変化を素材にしたトレンド調理法

当書では150ほどのメニューを取り上げているが、それは週単位で多数のメディアを横軸で読み、時代の中に出てきた新しい共通項と新しい潮流をキーワード化してまとめたものである。数多くのメディアを読者に代わって読み、その中に出てくる事実を列挙し、共通項で串刺しにし、咀嚼したのがこの『時の料理人』である。その意味で当書にピックアップした150のメニューは、すべて世の中が教えてくれたトレンドそのものであると言える。

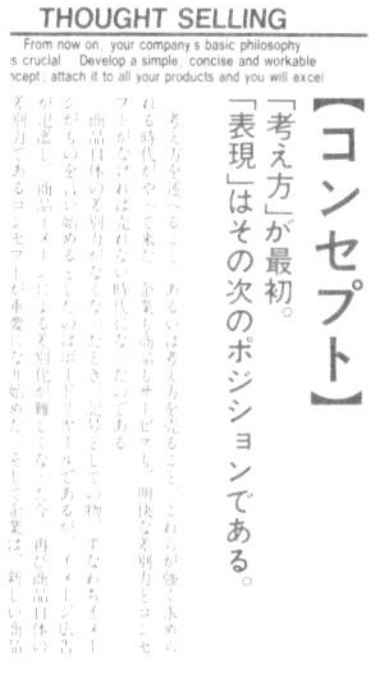
THOUGHT SELLING

From now on, your company's basic philosophy
s crucial　Develop a simple, concise and workable
ncept ; attach it to all your products and you will excel

【コンセプト】

「考え方」が最初。
「表現」はその次のポジションである。

LIFE POWER

The idea that everyone is full of youthful energy searching for an expressive outlet is a key merchandizing point. Show how your product can help release "life power."

【生命力】

生きているもの、動いているもの、呼吸しているもの、成長するもの。

SOCIAL RESPONSIBILITY

The day is coming when the elite will be under constant scrutiny by the public. Those who pursue personal gain while disregarding social responsibility will be banished.

【ソシアル・チェック】

チェック・フィルターは「社会」。「社会」が審査する。

HYPOTHETICAL CORNERSTONE

Nothing is permanently fixed. Everything is constantly evolving and changing. Therefore, it's essential to make hypothesises and use them as the cornerstones for future planning.

【仮説は仮設】

ひとまずやってみること。大まかに実行してみること。

情報社会では、変化の中から共通項と潮流を見つけ出すことが重要となる。大きなテーブルの上に、今朝とれたばかりのネタ、すなわち情報が山と積み上げられていても、そこに何の注目点も着眼点も見つけられなければ、それはただの山でしかない。その山の中から新しい変化の共通項や潮流を見出し、それを時代に向く表情に再編して提示することが必要であり、その作業を行っているのが当書『時の料理人』である。分かりにくい情報整理はまずい料理と同じだ。箸をつけてもらえないし、お金を払ってもらえない。重要なのは基本力であり、それこそが「時の料理人」の必須条件である。基本がないただの思い付きでは、本当に喜んでもらえる料理は作れない。基本力とは、全体の変化を鳥の目になって俯瞰しながら、細部の変化に意味とポイントを見出す力。それがなければ、あふれる変化と情報の中から、まさに今着目すべき共通項と潮流を発見することはできない。

　情報は新鮮なネタである。だからこそ「素早さ」が最も重要な要素となる。キッチンや厨房において、板前やコックは立ったまま仕事を進める。立ったまま素早く情報を料理し、その料理（情報）を

目次

使う人、食べてもらう人に、いち早く戻していく。それが情報社会の「時の料理人」である。その包丁さばきこそ、今問われているのだ。見事な切れ味、これは単に包丁などの道具の良し悪しだけで決まるものではない。要は「包丁さばき」なのである。ヘタな料理人はネタをいじりすぎる傾向にある。ネタをいじりすぎてしまうと、スタイルがパターン化し、新鮮な表情を持てなくなってきてしまう。新鮮なネタというものは、作り手が決めつけて探すものではない。たまたま友人からもらったネタ、冷蔵庫の中にある面白いネタ、市場でひょいと目についたネタ、これらを瞬時に横軸で見て、一瞬にしてひとつの料理をイメージし、まとめあげてしまう力こそ、「時の料理人」の真骨頂である。大きな料理をドンと手前勝手に出す時代ではない。小さな料理を次々とストーリー化して出す。まさに〝つまみ食い料理〟の時代であり、そのストーリーの関連づけが〝手法〟なのである。

主流となった〃雑〃が全てを活性化していく

雑・オーライ！

1989年　プラネット出版

新しい「雑」情報が、それまで固定化されつつあった「メイン」情報をひっくり返してくれる時代に入った。従来は部品やパーツと見られ、ほとんど評価の対象にならなかった「雑」が生活を活性化させる。言ってみれば「ムダを取り込む」ことを面白がる時代。〃面白い〃という理由だけで、ムダと興味を生活の中に取り込んでいく時代なのだ。遊び心というのは、気軽に色々なものを取り込んでいこうという態度。面白ければ何でもオーケー、そのために限定はつけない、これこそが「雑ライフスタイル」である。

伸びている企業には全て「雑」事業が持ち込まれ、生活者もまた全て「雑」費、「雑」時を取り込んでいる。様々なところから「雑」を集約したマルチプルな生活態度の中に、現在のライフスタイルが投影されている。

152

盛り場からマンションまで、都市の時代は「雑」居の時代。家庭を見れば、家族という単体はどこかへ行ってしまって、個人がそれぞれ「雑」居している。「個」の時代は「雑」居の時代だ。

雑
居
25

●〈雑居〉を生きぬく個人化傾向

〃雑〃の中からメインとなる芽を探し出す

当書では、新しい視野展開のヒントとして、「雑誌」や「雑貨」から、「雑友」や「雑生」など、50に及ぶ様々な「雑」情報を掲載している。ここで重要なのが、「雑」を単なる周辺ととらえるのではなく、むしろメインビジネスの芽として再編していくこと。ランダムに生まれる「雑」の中に、新しい共通項と可能性、次の社会を形成する芽が存在するのである。例えば経済を「雑・経済」と見ると分かりやすい。経済は従来の基幹的な主要経済から、周辺のこまごまとした「雑・経済」へと展開している。つまり、雑・チャレンジが、次の主要経済への道を切り開いているのである。

目次

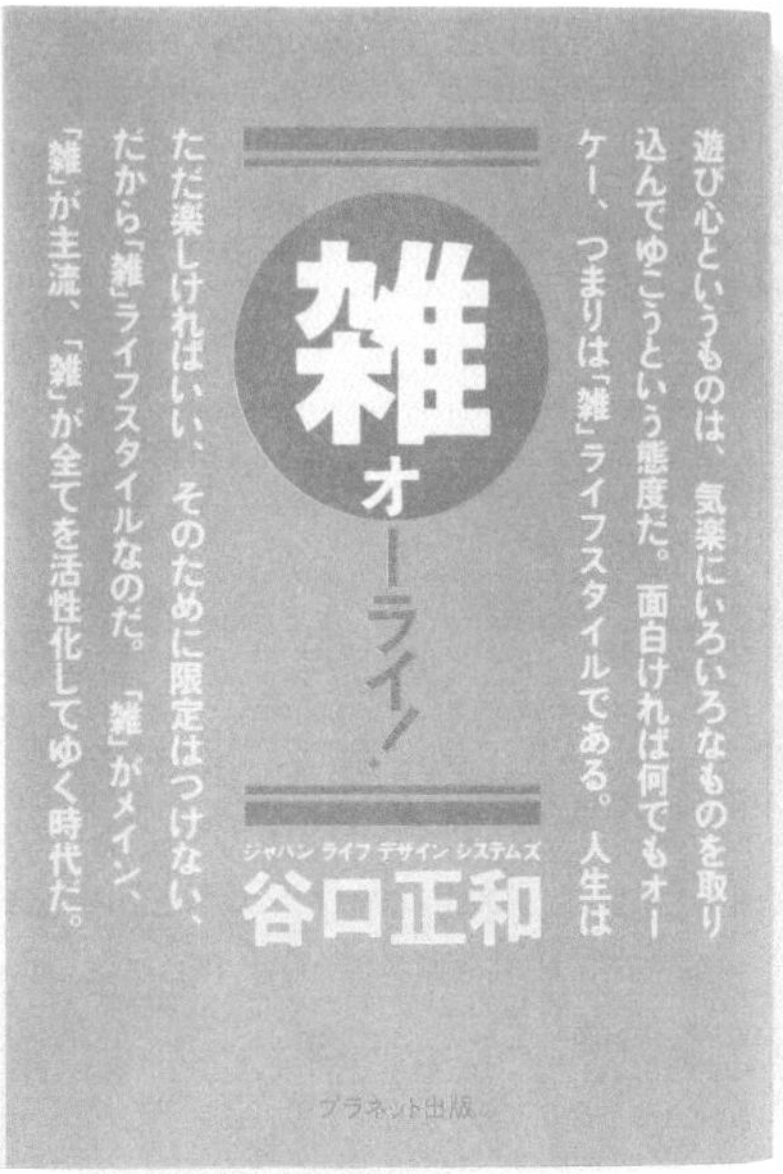

遊び心というものは、気楽にいろいろなものを取り込んでゆこうという態度だ。面白ければ何でもオーケー、つまりは「雑」ライフスタイルである。人生はただ楽しければいい、そのために限定はつけない、だから「雑」ライフスタイルなのだ。「雑」がメイン、「雑」が主流、「雑」が全てを活性化してゆく時代だ。
雑オーライ！
ジャパン ライフ デザイン システムズ
谷口正和
プラネット出版

道楽ハ地球ヲ目指ス

道楽がビジネス・コアになる

1989年　ダイヤモンド社

ビジネスにおいてもライフスタイルにおいても、「道楽」がコアになる時代が到来している。必要に迫られて物事をなすのではなく、楽しいから何かをなす。そこに真の共感と協力が生まれ、仲間が集まってくるのである。会社も楽しいから集まるのであり、街も楽しいから出かけていく。楽しみこそ、すべての人々を活性化する最大のコアである。

情報化社会とはまず情報を集める社会である。好きであれば、そこにいくらでもエネルギーを注ぎ込むことができる。まさに「道楽投資」である。楽しいと思えばいくらでも時間とお金を投資することができる。この楽しむ力、「道楽」の力を借りて、我々はビジネスと生活を再編していく時代に入ったのである。当書は、「道楽」がすべてのビジネス・コアになったことを記したものである。

楽しむ「時の力」

興味のあることをしている時、気に入った仲間と集まっている時、好きなことをしている時。そういった最も楽しい「時の力」を借りて人生を生きていける時代に入った。楽しむ「時の力」を借りてすべてを成し遂げる時代、いってみれば、楽しみこそ人生の本質で

道楽のススメ

マーケティングにおける顧客との出会い方も、すべてこの楽しみ、「道楽」というものをコアに据えて再編することが必要である。機能性や合理性、必要性などだけで顧客とリンクする時代は終わった。「道楽」こそが顧客との出会いを活性化する新しいファクターである。

どれだけ楽しんでいるかは、イコールどれだけ「回数化」しているか。道楽の回数化を重ねていくことで、人は洗練さとキャリアを手に入れ、目が肥え、選択能力が高まり、美意識が上がっていくのである。ビジネスもライフスタイルも、「道楽」の視点で再編することが求められている。

目次

個人的な気づきが市場を創造する

個人的な理由

1990年　プレジデント社

情報を消費するということが日常化した時代において、人々の意識は高感度化し、敏感になり、あらゆるものに対する〝気づきの力〟を高めつつある。その中、自分自身のディテールというものに対しても急速に気づきを発揮している。これは従来で言うところの〝個性〟というような自己主張型のものではない。自分自身の内面へと迫っていく、まさに〝個人的な気づき〟である。

「個人的な理由」社会において、市場は〝たった一人〟のためにある。パーソナルであることをどこまでも優先させる社会というものは、それぞれが持つ特質や能力を相互化させることによって総体化され、ネットワーク化される。いわば、一人ひとりの中にある個人的な特徴、気づきの要素は全て大きなビジネス資源であることを、当書では指摘している。

〝1人〟からの再編

当書で強調しているのは〝たった一人の顧客〟に対する取り組みやサービスの重要性である。マスやグループといった〝ターゲッティング〟の発想によって固定されていた顧客認識を捨て去り、個人に対面し、丁寧に話を聞き、それを頻度高く繰り返していくことが必要。このことは、企業が人を選ぶのではなく、個人が企業を選ぶ現在においても極めて重要な視点である。〝たった一人〟という最もパーソナルなスタンスから、社会を再編することが求められている。

目次

個人的な理由
ビジネス・コンセプト
谷口正和

生命体としての〝地球〟への気づき

地球都市

1990年　ビジネス社

都市は、従来のように政治家や建築家が主体となるスタンスを終え、もっと総体的で有機的な視点の中で、その新しい姿を現してくるというのが当書の指摘である。その意味で「地球都市」とは、まさに地球そのもののことである。国境や国家という枠組みを取り払い、唯一最大のコアとして、地球的存在と化していく。地球には都市があるだけであり、あくまで国は一つのリブ的な要素として残されていくのである。

我々はこの「地球都市」づくりに積極的に乗り合い、加担しなければならない。時代の中軸が完全に未来志向に移る中で〝明日から今日を見る〟立場を明確にしなければならない。地球からさらに宇宙へ向かう時代の波に乗って、そのマスタープランづくりの一員となる必要がある。

全ての特徴は長所である

地球都市において、最も重要な要素の一つが「ヴィジョン」である。ヴィジョンがあれば都市はそのヴィジョンの魅力によって強い参加性を喚起し、自動的にそのヴィジョンに向かって回転していくのである。

「地球都市」というものをヴィジョンに掲げるということは、地球のもっている基本的与件、良さというものを徹底的に生かそうということが出発点となる。このことに第一の着眼点を置く必要がある。地球とはどのような特徴をもっているのか。全ての特徴は長所であり、一見欠点に見えるものも全て良い点として把握する。このような肯定的な態度、未来を全て好転してみる姿勢こそ「地球都市」を実現するための最大のスタンスである。

目次

第1メッセージ……「**生命都市**」

このままでは〝地球が危ない〟と皆が気付いた
ガイア意識で、地球をネットワーキング
地球規模で川を美しくしよう
自然の生命の息吹き、叙情派ロックサウンド
リゾートで、都会で、湯水を遊ぶ
猛スピードで加速する東京という名の生命都市
終わらないのが生命都市
〝花の万博〟開催は生命都市の象徴
都市の樹木と人間たちのストーリー
リアルな自然描写がみずみずしい
生命を認識するからヘルシー志向
健康的な商品は人気上昇中
水に還る90'年代、都会人と水のいい関係
大海と夢、豪遊と発電
太陽と月が身近になった

第2メッセージ……「**宇宙都市**」

人も都市も限りなく宇宙に向かう
宇宙意識とのコミュニケーション
救世主と偶像再構築
水の中に帰る・知られざる深海
ゴジラ復活・愛されるエイリアン
新美形登場・地球時代の価値とは
未来を語る人が好き―夢=価値の時代
物のミステリー
こちら、宇宙情報センター
宇宙に吠える〝狼少年〟

当書では、この「地球都市」というものを理解するために、5つの入口を設けている。

○生命都市：地球は生きている。地球は生命体である。このことに全員が気づき始めた時代を迎えている。情報の総合性とシナジーが、急速に生命体としての地球を浮かび上がらせている。物質的に存在した地球から生き物として存在する地球へ。この最大の概念はエコロジー・システムであり、エコロジストとしての我々なのである。

○宇宙都市：我々は地球人になった。それはさらに我々が強く宇宙に気づき、宇宙総体の中での一つの部分を引き受けていこうとする宇宙的スタンスにつながる。宇宙の時代は、潜在意識が市場化する時代である。潜在意識そのものが大きな市場性を持ち、顧客を動かす状況になってきているのである。

○文化都市：地球は歴史、人、国家、自然など、いってみれば文化を散りばめた星である。風土や歴史によって育まれた民族の行動が、

ブラウン管越しのラスプーチン
システム、グローバル・ブレイン
宇宙卵
精神基地としての都市
〝電脳海賊〟の世界

第3メッセージ……「文化都市」
この都市に来られてよかった
ワイルドin界隈
マンハッタン・ベネフィット・ブーム
ロイヤルな人々
脱・ナショナリズム
I ♥ NY，But…
期待力とパワー・シナジー
クラシックっぽいクラシック
都市スクーリング
私が、オリジン
逃走と拒絶
アート&デザイン
エスニック・トレンド1～未来の音楽～
エスニック・トレンド2～食べ尽くされる差異～
エスニック・トレンド3～EXPOな街角～

第4メッセージ……「移動都市」
定住は魂の死？　放浪リバイバル
定住から滞在へ、地球旅人化時代
世界を片手に、ポータブル・メディア
時は金なり、空飛ぶビジネスマン
ハードからソフトへ、新お土産時代

それぞれのエリアを特徴づける美意識としての文化差異を形づくってきた。都市はそうした魅力や面白さ、文化性を内部に取り込み、その特徴の力によって、世界中の文化をつまみ食いできる構造を持たなくてはならないのである。

◯移動都市：人々が自在に地球中を移動する地球生活圏の時代に入った。我々は日常的に遊びを求め、ビジネスを求め、学びを求めて地球中をさすらうジプシーのようになっていく。「地球都市」とは、地球的移動というものを活性化し、応援する存在である。集め、分散し、また集めていく装置としての都市である。

◯個人都市：「地球都市」とは、一人ひとりが生きているということを相互に認め合う「個人都市」である。その意味において、最もパーソナリズムの高いセンターである。団体や集団のために個人が犠牲になることがない社会であり、ネットワークによってリンクしながらも、個人であることを失わない社会である。

始まる前にもう古い、イメージ高速消費時代
より良いマネー環境を、世界循環物色
一番有利な場所を探せ、才能遊牧時代
街が変わる！　イメージ移動時代
スピードか豪華さか？　旅二極化時代
マネーが世界を走る、金融国際化の功罪
リニアが地価大系一新、超伝導社会論
取れたてを日本に……地球産地直送
ホテライゼーション……ホテルは移動時代の華
良いものは世界共通、地球標準仕様

第5メッセージ……「個人都市」

都市という処・夜、人々は集う
世界一のスペース・都市に集まる食
地球的音楽・エスニックパワー
キャスティング……個人の役割
代行サービス、個人のためのシステム
無国籍化……肌という衣裳
都市生活、パーソナル・エリア
独りだから、使えばうれしい
ロンドン・ライフ……グレート・ブリテン
夢みるロマンス、悪魔の詩
信頼……偉大なる人々
求める人、求められる人、奇妙な広告
リミテッド・カード……光のサービス
生きる、前進あるのみ
衛星通信……パーソナル・ワールド

考え方と意味が消費される時代

コンセプト市場

1990年　かんき出版

今という時代において最もコンセプチュアルなコアとは「個人」である。全てのコンセプト現象の根底に寝ているセントラル・コンセプトが「個人」なのである。いかに〝個人的であるか〟ということを表現し、証明するために人々は消費しているといってもいい。

「個人」を一つの肺とするなら、もう一方の肺が「地球」であり、我々はアース・レボリューションの真っ只中にいる。これは〝たった一つの価値〟に向けて全てを統合していこうという世界的大潮流である。この「個人」と「地球」が「コンセプト市場」を形成するのである。

〝二つの肺〟なのである。いずれもたった一つ、かけがえのない個人と地球、宇宙が相対的にリンクし合って〝文化市場〟を形成している。そしてその文化市場こそ〝大精神市場〟であり、つまりは「コンセプト市場」なのである。

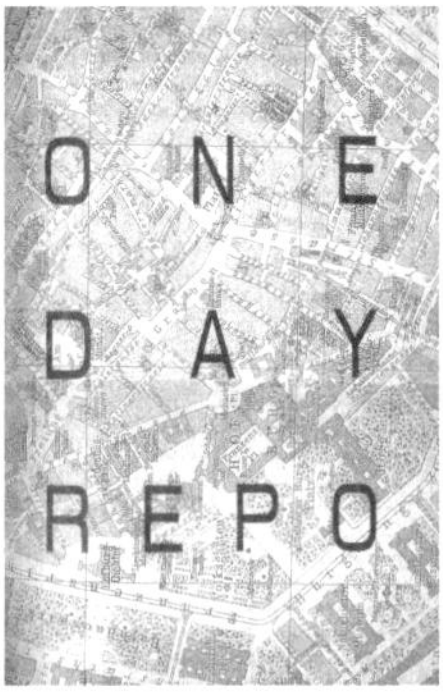

未来が売れている。

人々が求めるものは常に未来にある。消費とは、明日も生き生きと過ごしたいという願いを、今購入する態度にすぎない。あらゆる生活アクションは、常に明日へと向かう行為なのである。未来が売れる。未来を示唆するもの、明日を含有するものが商品として成立する。それを強く明確に打ち出せば、それがコンセプトである。

未来消費とは、コンセプトを時間軸で眺めた姿である。それは今日と明日をつないでくれるものへの消費である。未来消費とは、明日というものを今日の情報の中で予測しうるカタチに変える行為だということである。

ストーリーが売れている。

コンセプト消費の時代は、テーマ消費の時代である。コンセプトとは、いってみれば明快でリアリティのある一つのオハナシであり、信じ

るに値するストーリーなのである。それが優れて素敵であればあるほど、見事なコンセプトということになる。
　その意味において、ストーリーとテーマはほぼ同義語といえる。オハナシが売れていると気付いた時に、テーマの重要性に気づくだろう。何が買われているか、それはテーマであり、そのテーマによってシナリオ化されたストーリーなのである。
　情報はそれ自体がニュースであるという段階を超えて、強くテーマ性、ストーリー性が求められる時代に入った。テーマとストーリーに全てのマーチャンダイジングを強く絞り込み、その集積の高さでセグメントする時代なのである。

目次

コンセプトを消費するということは、ある意味で美意識そのものへの消費であり、哲学への消費、つまりは「コンセプト」そのものを消費しようとしているのである。考え方というものが消費され、その理解の方法が具体的な購入スタイルとして表れてくるのである。

つまるところ、ビジネスをするうえで、どのような業種業態であろうとも、我々は意味そのものを提示する役目を引き受けていかねばならない。意味というものを絞り上げ、磨き、その意味を押し上げるように全てのマーチャンダイジングを存在させねばならない。逆説的にいえば、一点の軸をもって全てを計画するということである。

「コンセプト市場」をたった一言で要約せよといわれたら、それは「好き」ということになる。コンセプトのもつ吸引力のコアは「好き」ということであり、「好き」の力が「コンセプト市場」を確立させるのである。そのため、コンセプト市場は、そのコンセプトが好きでない人にとっては無残にも消滅してしまっている。

例えば、シャガールの絵に〝億〟という金額を投じることができるのも、好きだからに他ならない。好きでない人にとっては、まったくの無駄金であるが、好きな人にとっては、たった一枚の落書きが、シャガールという人の人生、美意識、考え方、知恵、それら全ての結晶であり、コンセプトなのである。その一点における〝気に入り〟が、つまりシャガールというコンセプトの消費であり、シャガールの「コンセプト市場」なのである。

「コンセプト市場」とは、この例に見られるが如く、「好き」を軸とした大精神市場のこと。〝そう思った〟人にだけ存在する市場なのである。

21世紀のコンセプターとは、市場が大精神市場となったことを理解している人である。モノが売れるということは考え方が売れるということと同一であり、ますますコンセプトというものが消費されていく時代であるということを意識している人である。それこそが新しい時代のコンセプターとして必要な要素なのである。

個人の思い入れが創る〝美〟の市場

美の戦略

1990年　にっかん書房

「大好きである」、これが美の概念であるというのが当書の指摘である。ある人にとっての美も、ある人にとっては醜である。ある人にとっては全く興味の対象外であり、存在しないのと同じ。それが美の本質である。美とは個人の思い入れそのものなのである。その思い入れに投資し、それを自己実現、自己確認として組織し、我々は美を消費する。

　より高い美意識、つまりより高い好き嫌い、より高い興味の有る無し、より高い思い入れによって、我々はより抽象的な概念を美と組織しつつ、美そのものを消費する構造の中に突入しつつある。美は本来的に平均として存在しない。美しいと思った人だけに美は存在する。発見され、掘り起こされ、内在する興味とのリンクによって、精神を軸にしつつ、その本人だけに存在するのである。

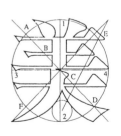

「好き」とリンクする「美」

「美」の入口は好きか嫌いか、出口もまた好きか嫌いかである。例えば、動物が好きになるということは、動物を美しいと感じるようになってきたということ。つまり、美の本質的な概念とは、どこまでも精神的な「好き」とリンクしている。美は無限に深い。それは「好き」と「興味」の対象だからであり、そこに一般的な歯止めは存在しない。我々の全ての人生、全ての経済、全ての時間を投入してもまだ足りないのである。

　マネーもエステートもカルチャーも、全て最後は美に転換される。美が最終着地点なのであり、モノは情報となりカネとなり、ついに最後は美となって終わるのである。

時代のコンセプトを把握する

個別の現象を個別に見ていても時代を貫通するコンセプトは見えない。一つひとつは大したことがないように見える現象であっても、それらが束ねられ、串刺しにされた時に一気に見えてくるもの、それが時代のコンセプトであり、そのようにして見えてきたものが「美」なのである。重要なことは、すべては「美」によって貫かれているということ。かつては芸術や美術の専売特許であったような「美」という概念、それが時代と生活の隅々にまで浸透しようとしており、ビジネスのコアを形成しようとしているのである。

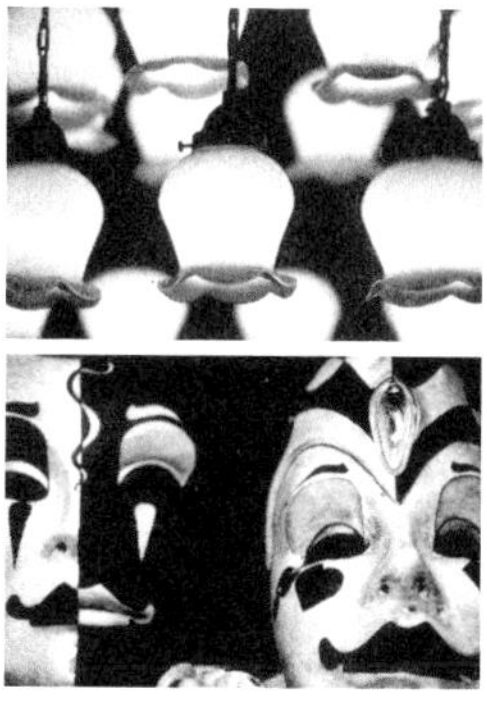

企業活動、事業活動としての位置からどのように「美の戦略」に対して取り組んでいけばよいのか。それは自分たちがどのような美の領域に対して研磨しているのかということである。自分たちの企業やグループは、どのような美しさというものに惚れ込み、研究し、追求しているのかという認識である。

企業における「美の戦略」はここからスタートする。子どものことを美しいと思う企業は、子どものために全エネルギーを投資できるだろうし、食べることが素晴らしい生命の美と思える企業は食に対して全てを賭けることができるだろう。

企業は何を最も美しいと感じている集団かということを明らかにし、それにふさわしい商品やサービスを提供し、それにふさわしいシグナルを社名やロゴタイプ、シンボルマークにし、総合としての美のアイデンティティを獲得しなくてはならない。その美意識を研究している雰囲気の中に自らを置き直さなくてはならないのである。言い方を変えれば、まるで〝美のクラブ活動〟のように企業をイメージ化しなければならない。

我々はビジネスが経済市場から美意識市場へと移行する狭間に生

目次

きている。より美しいと思われ、より素晴らしいと感じられたものにより、高い経済が支払われるだけなのである。美とビジネスがあらゆる領域において同質に語られる時代に我々は入っているということである。

「美しく存在しているかどうか」が問われる時代に突入した。美しく存在していない企業には働き手が集まらなくなる。美しい存在だと思われていない企業の商品は「美しくない」という一点において支持を失う。美しいということ、この一見抽象性の塊のようなフィルターが、全ての市場の見えない選択眼になっている。美意識というものがとりも直さず顧客の最も重要な選択眼になった、つまりは「バリュー・イコール・美」ということである。

第6戦略　美しき時
極時間／天然時間／文化差異時間／宇宙時間／24時間／自由時間／一週時間／闇時間／加工時間／遡行時間

第7戦略　美しき旅
漂白／3P戦争／列車大作戦／冒険と移動／紀行／遥かなる洋上／ロマンスへの旅／ロード・ムービーズ／週末の異邦人／"パパ"の土地

第8戦略　美しき命
地球生命圏／ペット／コンピュータ／生物学／マイクロ・コスモス／ブレイン・ワールド／ガラパゴス／生命創造／ドラッグ・カルチャー／柔らかいロボットたち

第9戦略　美しき宗
バブル宗教群／メディア教／天／CULT／偶像都市／神器／カジュアルな祈り／パックス・コンソルティス／通過儀礼／供養

第10戦略　美しき末
ミレニアム／SFの世紀／ニュー・セクシャリティー／ネオ・フューチャリスモ／ツァラトゥストラ／サイバートピア／ライフ・イズ・ア・ゲーム／唯美主義宣言／プラネティズム／神

大精神時代がやってくる
21世紀への階段

1990年　世界文化社

当書は、数多くのメディアの中から出てくる注目すべき事実と新しい変化を整理したものである。それら多種多様な情報群を横軸に読み、その共通項を新しいライフトレンドとしてくくり直し、120のコンセプトでまとめている。

「イノチ」から「ウチュウ」までの情報の同心円

左図は、120のキーワードをさらに大きく8つのジャンルに構成したものである。インナー・スペースとしての「イノチ」から、アウター・スペースとしての「ウチュウ」まで。イノチ、ココロ、ヒト、トシ、ケイザイ、ブンカ、チキュウ、ウチュウ。ミクロコスモスからマクロコスモスまでの情報の同心円である。

目次

第1章《イノチ》編
第2章《ココロ》編
第3章《ヒト》編
第4章《トシ》編
第5章《ケイザイ》編
第6章《ブンカ》編
第7章《チキュウ》編
第8章《ウチュウ》編

21世紀への階段

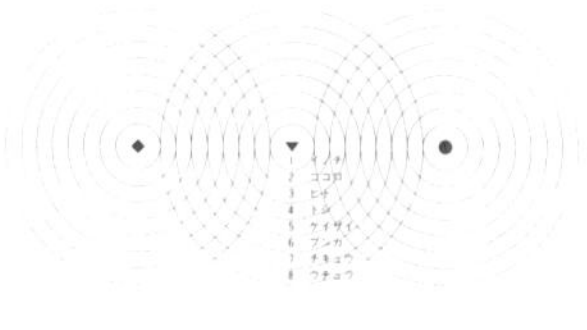

ニューティーンは未来の望遠鏡
10代スキキライ白書

1991年　KKベストセラーズ

渋谷に集まる10代の若者にダイレクト・インタビューで得た〝ナマの声〟を収集。商品やサービスに対する判断基準が「良い・悪い」から「好き・嫌い」に変わる中、ニューティーンの研究が今後の消費市場をリードするヒントとなる。

友だちが師匠になる時代

時代が変化する中でニューティーンの価値観や人生観も刻々と変化するが、そんな彼らに強く影響を与える者として、やはり「友人」の存在は大きいといえる。彼らは友人を単に情報交換の相手として認識することを超えて、自分の人生観や思想、将来観、世界観にまで影響を与える、いわば「友人師匠」にまでなっているという構図が、今回のインタビューから浮かび上がっている。

目次

心で見える市場
見えざる手

1991年　プレジデント社

見えないものによって生き、育てられ、活気づけられる時代となった。それが〝心の時代〟であり、心はまさに〝見えない〟がゆえに〝見える〟を超えるものなのだ。『見えざる手』は、心の力を借りて経済が進む〝心の経済〟の時代、心そのものがすべてを活性化し、結果として経済を活性化していく。そのことを心得た企業活動、社会活動、個人活動だけが支持されていくのが、この『見えざる手』時代の市場なのである。精神社会が物理社会を支配する。市場がますます真理性を帯び、ついに我々は透明人間となって魂だけが市場を歩いているといっても過言ではない。魂の市場、心の市場、言うなれば心の演劇とそれに拍手する人々の市場。そこにあるのは、見えないけれども強く感じる『見えざる手』であり、その『見えざる手』が市場を引っ張る力になってきた。

見えざる手

未来に向けた〝気づき〟の情報交換を

この書籍のあとがきに記されているのが〝気づき〟の重要性である。90年代から21世紀への情報交換は〝気づき〟によってなされてきた。感じたこと、気づいたことをあまり加工せず、気づいた時の生きた表現そのままで伝えることが最大の情報交換であった。語りかけるように〝気づき〟を伝えることで、多くの人と〝気づき〟を共感し交換していく。そしてその〝気づき〟が増幅し広がっていく。〝気づき〟が〝気づき〟を呼び、あっという間に時代全体を包み込んでいくのである。

目次

見えざる手
谷口正和

お客様第一主義

〝自分が自分のお客様〟であることを忘れない

1991年　プレジデント社

個人が主人公となる「パーソナル・パラダイム」の時代を迎える中、新しい視点に立って「お客様第一主義」というものに再び立ち戻ろうというのが、当書の目的とするところである。求められるべきは「個人」というものを最大の軸にした顧客の見直しであり、そこをどのように支援していくかというシステム化であり、チャレンジであり、技術化なのである。我々自身をお客様に戻し、自分自身の視点から「カスタマー・オリエンテッド」を考えるなら、まずは「自分が自分のお客様である」という認識を貫くことが必要。つまり、我々自身もまた一顧客という視点の中でビジネスを考えていかねばならないということだ。経営者が自らの人生を踏まえて自らのビジネスにおけるお客様の第一人者たり得ているか、その〝本気〟への問いかけが求められているのである。

自ら顧客に戻る

当書では、顧客第一主義という言葉を、お客様認識からスタートさせようという意図から30にわたるテーマでまとめている。お客様第一主義を具体的な戦略課題として取り上げた時、どのような事例がどのようなテーマと着眼で整理し得るのかを提示した、いわばヒント集のようなものだ。自分がいつでも顧客に戻れることを忘れず、「自分たちもそう思う」という原点を見失わないようにする。これが全てのカスタマー・オリエンテッドのスタートなのである。

目次

第2の着眼　記念日戦略

「雰囲気消費のドラマ」カウントダウン・クリスマス／「お正月、顧客は日本を買いにくる」バック・トゥ・ザ・ニッポン／「GLOBAL MEMORY」世界の記念日／「どこでも観光地！なんでもオミヤゲ！」オミヤゲ・マーケティング／「安心とコミュニケーションの市場」ゴールデン・エイジ・マーケット

第3の着眼　地球戦略

「ホモ・モーベンス」顧客動民／「自然の王国を探索したい」グレート・ネイチャーズ／「10 DAYS ISLAND」エコロジー・アイランド／「もっとヨーロッパを知りたい」EG市場／「地球が生きていることのチェック」ゴールデンエコマート

第4の着眼　心理戦略

「新ギフトマーケット論」気持ちの交換／「競合から共存へ」90年代の新価格戦略／「『待たせる』をサービスに変える力」タイムサービス心理学／「シアワセ、ください」幸福の表現／「MY LITTLE TRUTH」小さな本気

第5の着眼　文化戦略

「90年代の出店戦略」文化の門前／「経済価値の時代は終った」「文化価値」戦略／「学びを売る」修学市場／「WE WANT BEAUTY」美の戦略／「モノ、金より、人生」文化就職作戦

第6の着眼　メディア戦略

「古い『時』は消え新しい『時』が生まれる」可処分時間の行方／「いま最大のメディア」マンガ大作戦／「『時』は『客』なり！」時客／「スペシャリティに、お任せします」プロ代行／「市場が1人ひとりによって動かされる時代」シングルマート

顧客の見えざる心に愛の矢を

顧客満足的中率

1992年　かんき出版

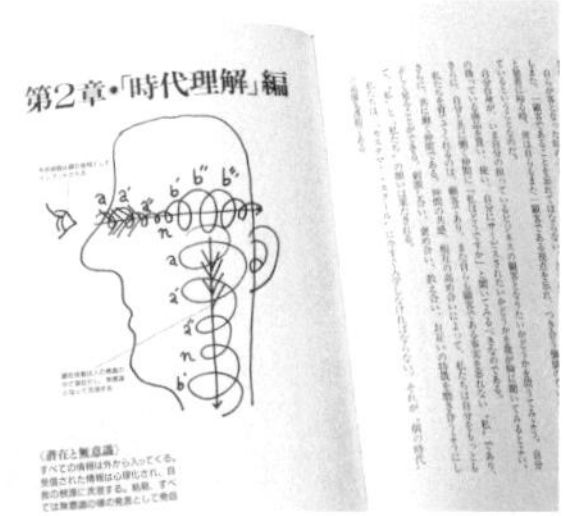

「人を愛することができなければビジネスができない時代に入った」というのが当書の主張である。「愛」とは他者を思いやる心であり、他者のために役立とう、何とか力になろうという素直な心のあり様。この心構えの中に「顧客満足的中率」のスタートはある。

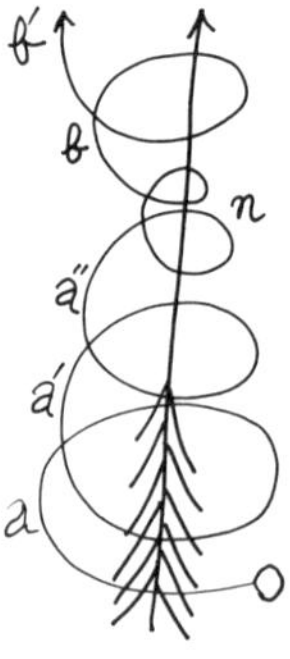

本来の意味での「リーズナブル」を

高度情報化社会は、顧客を情報選択のプロ、情報の収集と切り捨ての専門家にし、それによって「リーズナブル」の本来の意味が問い直される時代に入った。リーズナブルとは、道理にかなっている、筋道が立っている、正しい、公平な、といった意味である。従来のように、売り手サイドが一方的に作り上げたイメージでは顧客は動かなくなり、曖昧な高額品や高額サービスは支持されなくなるということだ。「道理にかなっている」ことこそ、顧客の消費選択の最大の基準となるのである。

目次

顧客は呼びかけによって創造される
お客様創造主義

1992年　プレジデント社

顧客が一般的な情報軸を追いかけていた時代が終わり、呼びかけによって創造される時代へと突入した。あらゆる企業が自らの理念や哲学、得意技を宣言し、呼びかけのテーマを明らかにすることが求められている。

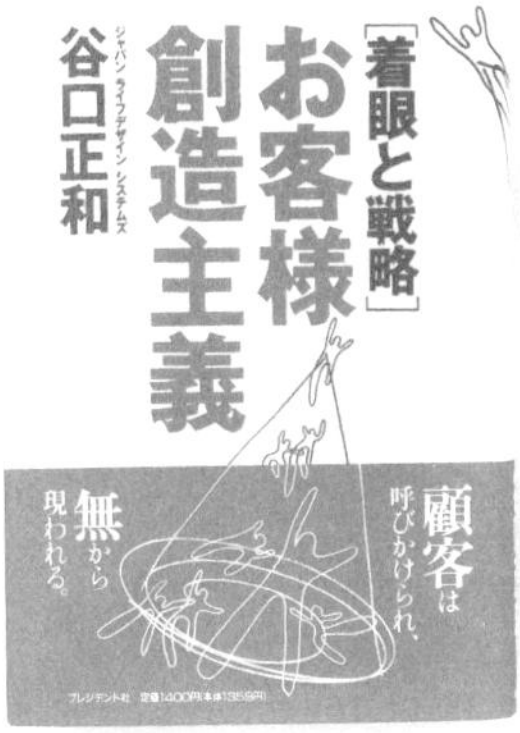

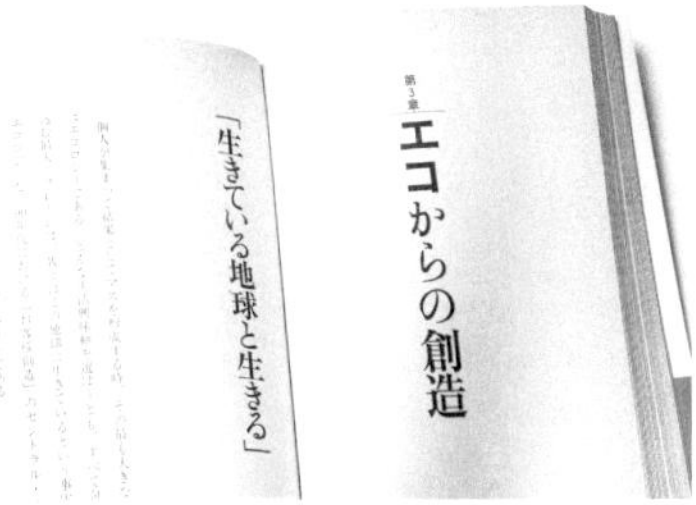

「この指とまれ」で顧客を呼ぶ

顧客は、これまでのような群をなすターゲット、グループという構造を脱している。自らを主人公とし、自らの気持ちや好み、興味、判断を軸にしながら、自らの意思を最大のフィルターとして自己参加するという高い参加性の中におり、そのような顧客としか出会うことができない。そのため、企業は顧客に対して何を持って呼びかけるかが問い直されている。集まり方の方法論を明示し、顧客をクラブ活動のように募集するのが、これからの「お客様創造主義」なのだ。

目次

本質を問いかけることでチャンスが生まれる

時代は「内に向く」

1992年　講談社

外に向かって拡大することだけが経済成長と信じ、精度よりも規模、質よりも量、本業より多角、歴史よりも今、内よりも外といった外側志向のパラダイムが今、大きく変わり始めた。市場原理に身を任せた遠心力志向の「経済」の時代が終わり、自己計画と自己完結を求心力とした「経営」の時代である。「内に向く」とは、外に対して拡散してしまったものに対して「芯棒」を求めること。外側に向かうべく変化の力を借りて拡大を図った時代が一巡し、中側と自己を見直そうという求心力が企業経営から生活経営までを支配し始めている。遠心力の時代から求心力の時代へ、経済の時代から経営の時代へ、表面的な時代から内面的な時代へ、マスの時代からターゲットの時代へ、さらに個人の時代へ。こうしたパラダイムチェンジの中で、「内に向く」という時代軸を理解しておきたい。

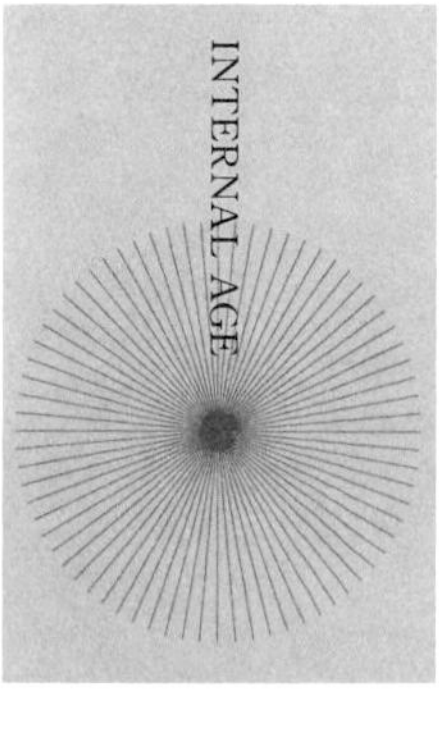

経営とは何か

経営とは「継続」であると当書では指摘する。経済の視点で企業を見れば利益が全てであるが、経営の視点で見れば「何ゆえに我が企業は存在しているか」という企業哲学こそがプライオリティ・ナンバーワンとなる。つまり「経営」は哲学を問いかける。志と意思を問いかける。願望と未来に対する計画を問いかける。短期発想ではなく中長期発想を問いかける。本気を問いかけ、方法論を問いかける。「経済」は横の広がりを追いかけたが、「経営」は縦軸の創造を問いかけるのである。

目次

リピート・パワー

第2章　個人主人公市場／「個客」の心をつかむ

主人公は私

チャイルドケアの新しい方向性

ようこそお帰りなさい、家庭へ

安心の自己管理

第3章　心理への的中／顧客の心の真ん中を射抜く

消費されるもの－心理

宗教的市場の到来

「心理」ビジネスの時代

個人文化のパワー

第4章　拠点と周辺の関係／ターミナルを発見する

ターミナルを発見せよ

駅－新しいターミナル

ターミナルは情報のオン・ステージ

もてなしのターミナル

第5章　個人時、社会時／「時」のバランシングを見抜く

新しいエコロジー

ウィークリー・フレキシブル・タイム

個人的時間市場

休日のデザイン

第6章　自然と歴史への回帰／心が帰る場所を知る

我々はどこに帰ろうとしているのか

きんさん・ぎんさんに学ぶもの

自然は生命力の最良の教師

第7章　美と知の創造／アート願望を感知する

キーワードは美意識と知性

生と死の融合

〝生まれたときの天才〟の再獲得　ほか

京都に学ぶ生き延びる知恵

京都の発想

1992年　徳間書店

なぜいま京都か、巨大なパラダイムチェンジの時代を迎え、京都の中に1200年を生き延びてきた知恵を学ぼうというのがその答えである。京都は、その知恵のストックと蓄積が静かに眠っている町。つまり、京都的なる思考と発想というものが、単なるエリア文化論を超えて、まさに今日の日本、企業、個人、大きく言えば地球そのものの行方を決定するファクターになりつつあるというのが当書の見方である。

変化に対応することが唯一の知恵であった時代は終わり、むしろ明日を睨んで継続する意思を核とする時代が始まったのである。独自を成長のコアとし、キャリアとストックを自己実現の糧とする。このような思考を持てば持つほど、我々はそこに京都文化のサバイバリズムとダイナミズムを見るのである。

〝既にある力〟の活用が継続力につながる

もう既に力は存在している、その代表的なものの筆頭が「自然の変化」である。京都は存在する力をどのように引きずり出すかを心得た町である。というのも、京都の観光名所は全てこの〝既に存在している自然の力〟をただ集約集積して見せただけのものばかりである。京都の名所づくりは、常に自然の力とチャンスというものを生かして、その時、その場、その集積というものを指定し、決定する作業なのである。

我々はややもすると、何かを勝手に作り上げようとしがちである。しかし、〝勝手〟は自然の力を無視したものだから、基本的に長続きしない。継続力を持たないのである。構築し過ぎたものはいつか崩れる。潜在している力をいかに引きずり出し、あるがままの姿の力を磨き上げ、そこに〝自然に置く〟かがポイントなのである。

目次

考え方に戻り、方法論を再編せよ

ポリシーとスタイル

1993年　ビジネス社

大きなパラダイム・チェンジが起き、明らかとなったのは過去の延長線上に未来はないということ。言い換えれば、過去の否定の中に明日の正解があるということである。このためにはまずは考え方に戻らなければならない。考え方があって行動、表現がある。当書では、この考え方を「ポリシー」と呼び、行動と表現のことを「スタイル」としている。「ポリシー」を煮詰め、熟考し、哲学、思想、夢、ロマンにまで昇華した時に「スタイル」は生まれる。これが当書の眼目である。この「ポリシー」と「スタイル」は表裏一体のもの。著者は常々、ビジネスにおいてはスタートとエンディングが同時に想起されるべきと指摘するが、これはつまり「ポリシー」と「スタイル」を分けてはならない、それらを一直線に結びつけることがビジネスの基本であると言っているのである。

本気がポリシーを確立させる

ポリシーとスタイルとは、〝頭脳と肉体〟という関係である。何かを考えているから行動が起こる。意識が行動を決定すると言ってもよい。「好き」と「興味」はポリシーを自然に形づくっていく鍵である。「好き」以上に純粋な動機はなく、まさにポリシーとスタイルの原点といえる。もう一つ、視点を未来に向ければ「こんなことがしたい」「将来こうありたい」という未来願望も強力なポリシーとなる。こうした本気のポリシーを問いかけないビジネスはこれからの文化の時代で成功することはないだろう。

我々は自らの「好き」に素直になり、自らの未来に理想を描き、その一点突破に賭けた時に自然とポリシーとスタイルは顧客から理解されるだろう。

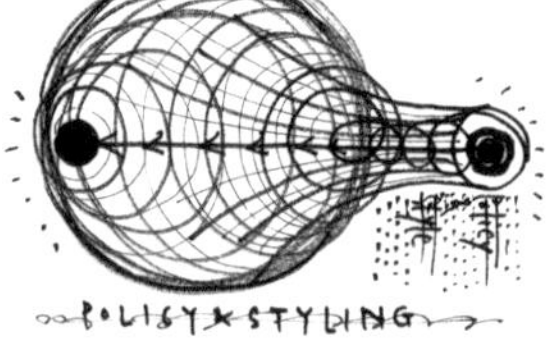

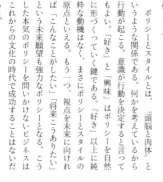

ポリシーとスタイル
「ポリシー」を煮詰め、熟考し、哲学、思想、夢、ロマンにまで昇華した時に「スタイル」は生まれてくる。これが本書の眼目である「ポリシー」とは考え方であり「スタイル」とはその表現である。まず「ポリシー」すべてはここから始まる
谷口正和

目次

自己内投資に賭けよ
直観の原則

1993年 TBSブリタニカ

今日の最も重要な課題は、個人の内的充実である。認識が行動を変え、社会を変えていくのだとするならば、その認識を形作るものこそ自己内投資だろう。個人が個人を生き延びることができる、生きていてよかったというものを相互に交換できる、そのような理想社会を招来するもの、それは志を立て、自らを深めることに決意を持つ、そういった自己内投資が出発点なのである。

我々は内的充実に賭けていかねばならない。「こう思う」ということを深め、「直観」を高めていかねばならない。「直観」とは自己確信の発信であり、それは深く自己志向した結果としての閃きなのである。考えることを怠り、学ぶことを嫌い、ただ情報の中を浮遊する生活に「直観」はない。人生の最後の日まで自己内投資をし続ける覚悟、それが今日の「直観」を生むのである。

これからの企業の役割とは

当書では、自己内透視能力を高める計30の章から構成されているわけだが、その中から「企業の役割」に関する記述について紹介したい。当書では、「地球」と「個人」の間にスタンドし、生活者の意識に芽生えている「地球」という概念と「個人」という概念を丁寧につないでいくことが、これからの企業が担う真の役割と説明している。そのために、企業経営の最大単位は「地球」、最小単位は「個人」に置かなければならない。その中でしか企業は役割を果たせない。「地球」と「個人」を徹底支援する。その結果、「地球」と「個人」を引き寄せることができるのである。

目次

谷口正和のアナライズ・ゼミナール
直観の原則
TANIGUCHI MASAKAZU
ANALYZE SEMINAR
谷口正和
MASAKAZU TANIGUCHI
TBSブリタニカ

未来に対する新しい種まき

発想の画帖

1993年　プレジデント社

『発想の画帖』というタイトルの通り、当書は著者の描いた100のスケッチと解説を小さな展覧会のようにまとめたものである。ここには、普段の生活の中で気づいた考え方や思いついたアイデア、ちょっと気になった直感が葉書大のスケッチでまとめられている。つまり、日頃から淡々と育ててきた小さな〝種〟を集めたものであり、内側の感性から生まれた絵日記帖、落書き帖とも言える。当書は未来のための種まき活動を共に行っていこうという呼びかけである。大きく広げすぎたものは回転が悪く、重く、立ち上がるのが難しい。スケールが持っている重さによって斬新なアイデアが閉じ込められてしまう。未来に対する眼差しは、小さな種の中にあるのではないだろうか。その種を一緒にまくための発想の芽が、この小さな葉書スケッチ・ブックだと考えてもらいたい。

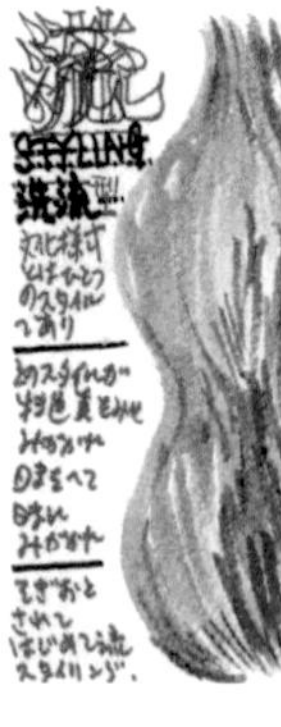

あなた自身によるコンセプト発掘作業を

21世紀のコンセプト、つまりここで言うのは、事業化軸を持った、他者貢献を成し遂げられるビジネス・コンセプトのことであるが、これはまさに個人個人の生活者の未来像のコンセプトとイコールなのである。

だからこそ、著者はあなたが願う21世紀をあげてみることを提案している。日記から、会話から、100個集めてみてはどうだろうかと。思いついて5、6個では、21世紀はあなたのものにはならない。100というところに意味があるのである。

徹底的に100まで集めようという態度が、21世紀を掘り起こす作業になる。その意味においては、コンセプトは未来の形を掘っていく種探し作業と言える。21世紀のコンセプト発掘、その種はあなたの意識の中に埋蔵されているのである。

発想の画帖

谷口正和

MASAKAZU TANIGUCHI
Life Design Produce

二一世紀を目の前にして我々は新しい時代に種蒔きをしようとしている　自分の手で作り、小さく蒔く、その大事な時代が今である。私も日頃から淡々と小さな種を育てて来た。これが実は初めて皆さんに見ていただく、葉書に書いたスケッチ集である　その時の心理状態からなんとなく生まれてきた〝雑草から種〟である。私の内側の感性が出ている絵日記帳、落書き帳と言っても良い。日々、一枚一枚、毎日毎日、自分に戻った時に書き溜めてきたものなので、何か私のもうひとつの感性を皆さんに感じて貰えるかもしれないと思っている。それが単なる思い付きであっても、個人的な興味の領域から始めたものこそ、二一世紀へとつながって行くと信じている　まなざしは小さな種の中にある　明日への希望の火を灯し、新しい種蒔きを共にしましょう

目次

マーケティング小説という新たな試み

繭族アリス

1994年　扶桑社

当書は、コピーライターで詩人の永森羽純氏とタッグを組み上梓したマーケティング・ノベルスという実験的な試みである。登場人物以外は全て実存するものが実名で登場。面白く読めて結果情報も手に入る、そんな小説である。

「個人主人公社会」の顕在化

小説の中に盛り込まれた情報は、当時著者が主宰していたベビーブーマーズ・ジュニア（BBJ）の情報分析誌『BBJ』にて収集・分析したものを基にした確かな情報である。著者がBBJの分析を行ったのは、高度情報社会の新しい主役としてBBJの声には21世紀が反映されているとの認識からである。21世紀は個人の人生と日々に対する思い入れが、全く新しい〝個人主人公社会〟を現出させる。それは個人の感性と好きなものが咲き乱れる独自なる個人文化のお花畑のようだろう。その中、様々なテスティングやトライ&エラーがなされなければならず、当書もまさにそんな時代を意識した一つのトライなのである。

目次

顧客が顧客として確定する速度

顧客速度

1994年　日本コンサルタントグループ

『顧客速度』とは、いかに早く顧客になってもらうかということ。顧客を確定し、再顧客化を競う時代、それが『顧客速度』の時代であり、その速度をいかにしてあげていくか、その一点にフォーカスした戦略の組み立てが求められている。

顧客に聞き、顧客に戻す

顧客速度を上げるための要点は、顧客がすでに持っている力を借りることである。顧客が持っている力とは顧客要請であり、つまりは顧客理解がなければ『顧客速度』は上がらないということである。顧客が成熟化した今日では、顧客に何かを教えてあげようといった視点はかえって顧客速度を鈍らせる原因となり、従来の発信オンリーの手法のやり直しが必要となっている。

目次

個人の時間を取り戻す
ホームクリエーションの時代

1994年　プレジデント社

仕事に奪われていた時間を、今こそ一人ひとりが自らを主人公として個人の時間を取り戻そうとしている。与えられた休日から、自ら創造する休日へ。それによって私たちの生活は自己表現の場に変わっていくのである。生活の中心になるのは家での暮らし、近所での楽しみ、それらを足場として新しい生活創造を楽しむ時代こそが「ホーム・クリエーションの時代」なのである。

あなたの夢、希望、人生設計とは何か。つまり、あなたのライフデザインとは何か。一人ひとりがここから出発し、その自由と自立を手に入れることができる時代、それが現在のライフ・クリエーションに他ならない。

可処分所得から可処分時間へ、生活の楽しみ方の基盤が大きく動いていることを認識しておく必要がある。

横つなぎの仕組みづくり

個人をホームに帰してあげ、個人の感性が自由に羽ばたくようにしてあげること。これがホーム・クリエーションの第一段階である。

次に、感性が最もくつろいでいる場であるホームで直接情報を交換することで、顧客とこれまでにない強さで結びつこうとするのが第二段階。

そして第三段階は、個人をホームにいるままでつなげてあげることである。ホームの中で感性を深化させた個人に、成果の発表の場、情報交換の場を与えてあげること。これは、これまでは愛好者同士が自発的に行ってきたものであるが、これを積極的に手伝い、同好の輪にビジネス自らが参加していくこと、これが重要となってくる。

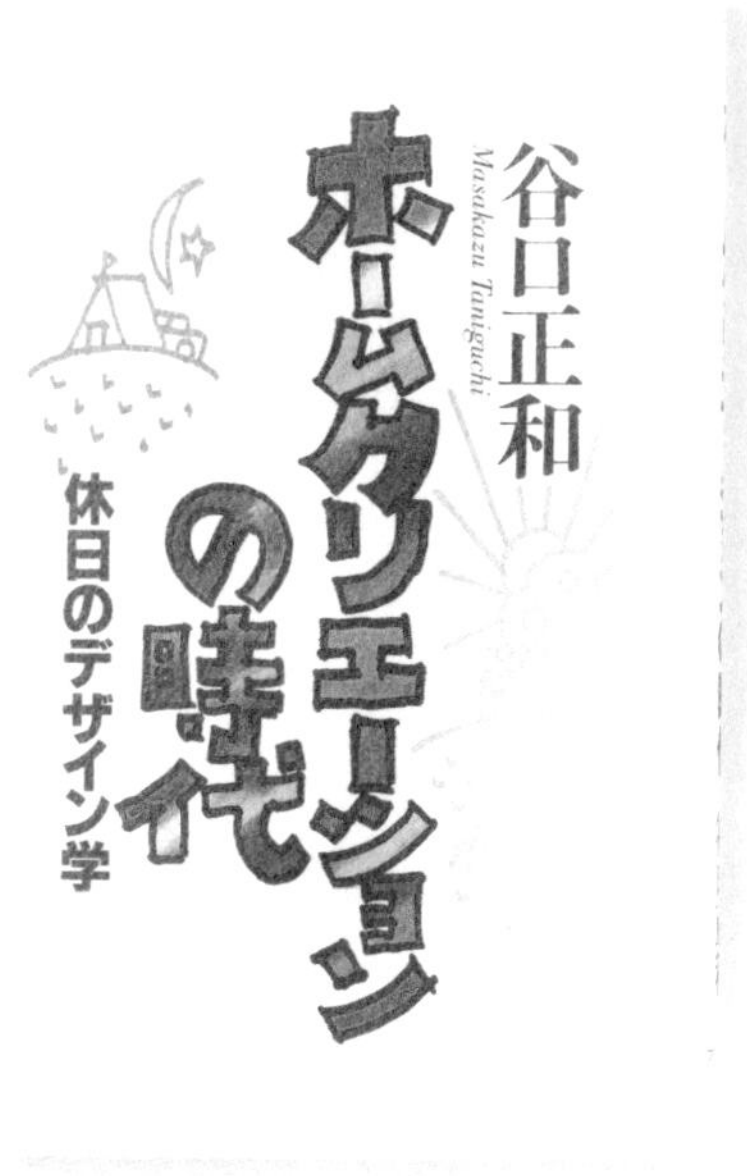
谷口正和
Masakazu Taniguchi
ホームクリエーションの時代
休日のデザイン学

目次

休日の中で解き放たれた個人は、自らを主人公として、自分の好きなもの、興味のあるもの、ビジョン、理想などを周辺化しながら、無理なく自然体のまま自分自身の自立したライフスタイルを完成させていく。いわば「美の整理」という流れの中で、本当に好きなものだけを残し、他のものを下取りやリサイクルに出していく。その美の整理学を繰り返していくうちに自然と美のみが蓄積され、自分自身が美の集積そのものへと変わっていくのである。

好きという感情と、それを繰り返すことができるという事実は微妙に重なり合い、分かち難い感覚といえる。仮に自分が好きだと思っていなかったものであっても、繰り返していくことで好きになっていくこともあるということである。

好きになることを無理強いするような商品は、たとえその戦略が成功したとしても長く持たせることはできない。逆に、その商品を長く使ってもらえるようにと回転させていく時、そこには必ず好きという感情が芽生えてくるのである。つまり、ホーム・クリエーション時代においては、価値を押しつけることより、その商品を長く使っていただくことが最優先課題となる。

休日に愛される商品を

休日や自宅にいる時間が長くなるということは、それらに対する価値観が増すということである。例えばファッションでいうと、これまでのように目が外に向けられた時代は、他人にどう見られるかが最大の眼力であり、人に見せるためのものであった。しかし、個人が自分の空間に帰り、他人のためではなく自分自身のために生きはじめた今、ファッションも自分が楽しいか、自分が納得しているかが最大の眼力となったのである。「ワンマイル・ファッション」が再び注目を集めているのもそのためである。家の中やちょっと近所に外出する際、人はどんな服を着たいと願うだろうか。外でちょっとだけの間なら、自分に合わない服でも我慢できる。しかし、自分の家で長い時間着るものは、長い間着られるくらい自分に合っているものでなければならない。つまり、休日や自宅時間に愛されているものが、全体の生活の中でも愛されるようになるということである。

その物に価値があるかどうかを決めるのは、自分自身以外の何者でもない。価値の源泉は「私」、この言い切りこそがホーム・クリエーション時代の価値基準なのである。顧客が集団の中に埋没し、自分自身の価値観よりも集団全体の価値を盲信していた時代は終わりを告げ、顧客は自らの価値観に絶対の自信を持ちながら、たとえ他の人が目もくれないような物にさえ呆れるほど高い評価を下すものである。自分の好きな物には、一般人では想像もつかない金額を出すことも惜しまない。こんなマニアの登場によって、均一的な価値体系は大きな変貌を遂げようとしている。

人間関係でも《好きの周辺化》が進行するといった基本図式は同じである。ひたすら顔を外に向け、交友関係をやみくもに拡大したり、名刺の枚数を競いあったりしていた時代から、《ホーム》が何よりも大切なものとして価値観の中心に座った今においては、友人を無制限に増やすよりもむしろ気の合った友達だけに絞り込もうとする。自分の気持ちの通じ合う関係だけを追求していく。そんな「コクーニング」人間関係の中心になっていくのである。自分を主人公にした、まさに「私の繭」の創造である。

リーダーシップは現場にあり

ビジネスにおけるリーダーシップの逆転劇が進行している。従来は引っ張り型の優れたリーダーシップさえ発揮できていればマネジメントになっていたものが、現在は後ろから押していく〝プッシュ・マネジメント〟が重要になっている。

市場において顧客が主導権を持つように、ビジネスにおいては現場を担当する第一線の人たちがリーディングをとれるようにしていくことが必要。「このことを担当しているあなたが主役」とは、サービスの概念である「お客様に全てを決めていただきましょう」という顧客第一主義とイコールである。サービスの時代には、実際に顧客と接している現場がビジネスの主人公にならねばならないのである。

“個客”を徹底取材せよ！

個客ジャーナリズム

1995年 ダイヤモンド社

個人中心の社会によって作り直しが進む中、個人として自立した「個客」を徹底取材せよという号令が出されている。個客からの情報を収集、編集し、すばやく提案する。「個客ジャーナリスト」になれば、事業は成功へと導かれるというのが当書の指摘である。

情報は個客に集約される。全ての情報は個客に向かって集中的に集まってくる。個客はまず情報を手に入れてから店頭に来る。その情報の確認行為として消費する、あるいは情報さえあれば現物を見なくても購買するようになっている。その意味において、個客の選択を支援するためのパーソナル・メディアなのである。

この個客を徹底的に取材し、この個客情報の力を借りて個客的中率を上げていくのがこれからのビジネスであり、個客を知る、この一点からしかビジネスはスタートしないのである。

自らもまた個客である

忘れてならないのが、読者であるあなた自身も個人であり、個性であり、固有であり、個客であるということだ。売り手と買い手を分けるような発想、個客は全然違う場所にいるという視点は、もはや暗礁に乗り上げている。つまり個客とは自分自身のこと。あなた自身が「個客ジャーナリズム」の対象となり、その周辺を広げることによって情報の質と制度を上げていく。我々は相互に個性を取材しあい、それを組み合わせることによって、単なる集団主義、会社主義では成し得なかった大いなる成果を手に入れることができるだろう。

目次

い」という法則をつくる／法則は小さく虎の巻に／〝私の法則〟づくりが人気／生活換金術

第2章　仮説・試行・検証

情報は個客が持っている／安さ、それは個客への取材謝礼／安さ↓回数↓情報多量／流れを見定めるためには小舟に乗ること

第3章　継続の美学

継続が独自の洗練と存在を磨く／個客の「厳選」＝「減選」は美学／旧暦は景気の水先案内人／「昭和っぽい」が合言葉のレトロ

第4章　二四時プログラム

タイム・イズ・ライフ／人生と時間と個客／心理的時間の復権／タイム・デザインとタイム・マネジメント／時間に縛られるふたつの理由／タイム・デザインの時代／自分本位の時間

第5章　個人の自立支援

サービス競争の果てに／カスタマーズ・ファースト／サービスは〝呼吸〟／自己完結成長を始めた個客／インディペンデント・サーブの時代／パーソナル・ライフデザイン

第6章　期待値社会

期待値社会の到来／量のマーケティングから質のマーケティングへ／一％の支持、それは「未来の金」／数字を離れ未来へ飛び込む

第7章　再小単位からの創造

あなたという最小単位について／インターナル・マジョリティ／生活者意識を読み解く／自分の輪郭／最小単位と最大満足／ミニマム・クリエイション／脱〝新・珍・奇〟　ほか

あらゆる分野に〝超〟の発想を
「超」の方程式

1995年　かんき出版

今までの常識では考えられない「超」的な現象が次々と起こる時代において、顧客要望も「超」高速化、「超」ダイレクト化してくる。顧客要望を即座に引き出し、創り出し、戻さなければならない。「超」の時代は中間がカットされ、スタートとエンディングをダイレクトに結ぼうとする。つまりは最終的な答えにプロセス抜きで、一発で到達するということ。言わば「超」の時代は「直観」の時代であり、企業が生産の結果をシミュレーションし、その過程を検証し、その最も優れた結果からスタートするといったように、直観が結果、事実として後追いで検証されるような時代なのである。

従来の固定概念を捨て去り、まったく新しい目標や理想とする着地点に飛んでみせる。そんな〝跳躍〟的な発想によってビジネスを革新していくことが必要だ。

〝超〟を読み解く5つの方程式

当書は、90年代後半を大きく5つの方程式に分けて考察したものである。個人の〝超発想〟が企業を起こす時代を示した「超創業時代を解く」、旧マスメディアが抜けていく時代の到来を表した「超メディア・エイジを解く」、まったく新しい流通回路の時代を示した「超流通革命を解く」、〝個人的な理由〟を満足させる競争を表した「超満足化社会を解く」、心と情報の時代のニューリーダーたちの出現を表した「超人出現を解く」。すべてのアクションを「超」化し、すべてを「超」の方程式の上に乗せて価値観を反転していくことが求められている。

目次

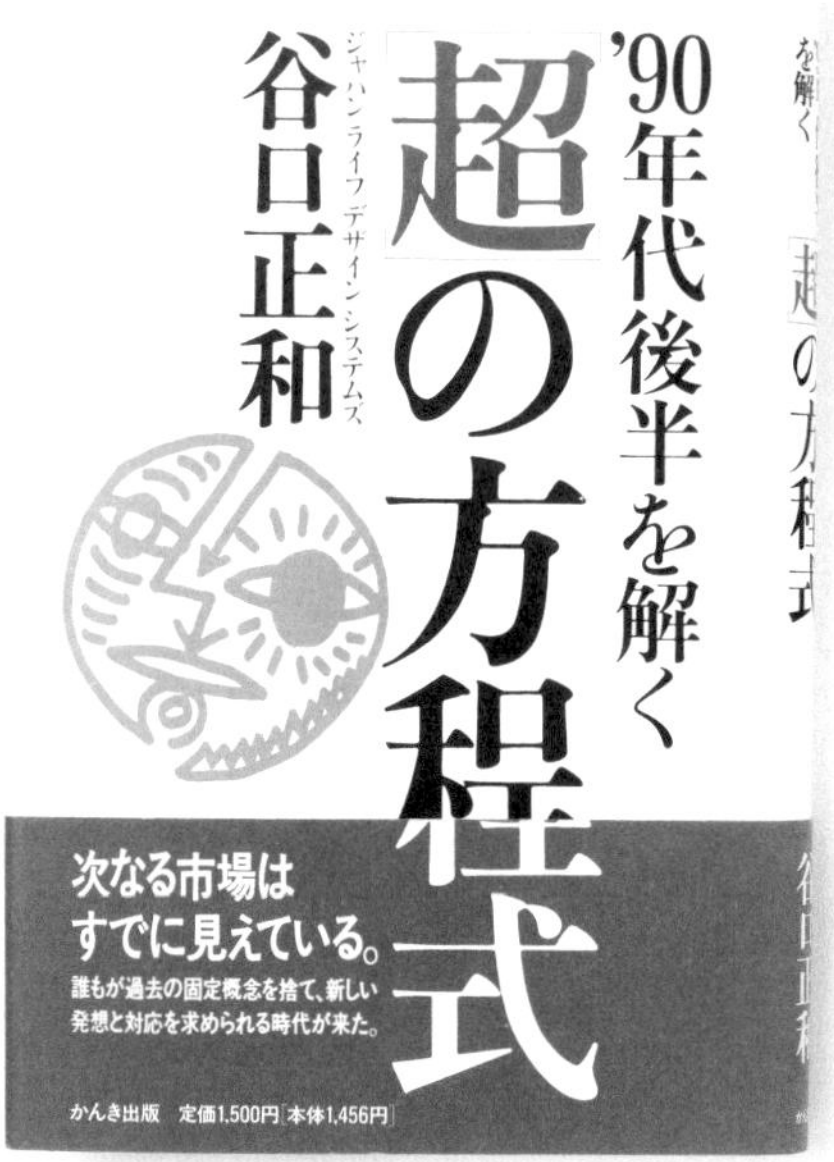
'90年代後半を解く
「超」の方程式
ジャパン・ライフ・デザイン・システムズ
谷口正和
次なる市場は
すでに見えている。
誰もが過去の固定概念を捨て、新しい
発想と対応を求められる時代が来た。
かんき出版　定価1,500円［本体1,456円］

コンピュータの国の超創業法
だれもが創業者の時代
からめ手の超創業発想

［第2方程式］超メディア・エイジを解く

すべてがメディアになった時代
新メディアがマスコミを超える時
新メディア市場の創出
ダイレクトな流通メディア

［第3方程式］超流通革命を解く

世界最大の小売業に見る〝顧客利益優先〟
個人が世界とつながる通販
地球規模でダイレクトに通販
通販ではない通販的ビジネス
通販も超サービス時代
よりダイレクトなつながりを求めて

［第4方程式］超満足化社会を解く

我が人生、我が生きがい
自分教の信者たち
繭族たちの道具
超もてなしの心
さらなる超満足現象

［第5方程式］超人出現を解く

「超」のブレイクスルー
時代のコアを射抜く人
21世紀のキーパースン
超感性のリーダーたち

過去の価値観からの脱却
パラダイムの予言

1996年　産能大学出版部

従来の価値観は崩壊し、時代が大きく転換しようとしている一方、未来のプロフィールがはっきりしない。その中で、新しい未来像を共有しようというのが当書の目的であり、10のパラダイムチェンジとして目次のキーワードをあげている。

一見、様々に出ているように見える未来論も、よく見れば20世紀の延長線上に視点が置かれてしまっている。過去の延長線上に未来を見てはならない。未来というものは、我々の内側に存在している〝こうありたいという願望〟を具現化する小さな行動の組み合わせによってしか生まれて来ないのである。

ただ待ち人になって未来を茫洋と眺めるという不安の構造から脱却し、小さくとも自分の階段を登ろうと思った時に、我々は逆転的にではあるが未来を創り出すことができるのである。

A FORECAST OF PARADIGMS

「貢献のシナリオ」を掲げよ

企業経営にも個人の人生設計にも、何よりも哲学、理念が必要な時代を迎えている。新しい未来づくりへの活力、それを支える考え方の議論が求められている。社会貢献のシナリオを掲げ、それを精神的支柱とし、生き方、働き方に具現化する。他者貢献のために自己を練磨し、リーダーシップを持ち、貢献領域を設定し、利害競争ではなく、貢献の棲み分けのために「共生」する。その軸となるものがエコロジーである。地球社会への焦点が当たった「貢献のシナリオ」を今こそ全員が貫くべきというのが、当書で指摘する未来への思想、哲学である。

目次

A FORECAST OF PARADIGMS
The 21st century has already begun and many new paradigms for the next century are developing.
パラダイムの予言
21世紀はもう始まっている。
21世紀目前、ついに大いなるパラダイム・チェンジの時は来た。人も、社会も、市場も、地球も、歴史も、その根底にある価値観が変わろうとしている。このパラダイム・チェンジを認識せずして今後の生き方もビジネスもない。天動説から地動説へのパラダイム・チェンジにも匹敵する今日の大変化への理解を、私は皆さんと共有したい。そして時代の大波を越えて、21世紀の理想社会に一刻も早く到達したい。「パラダイムの予言」、それは時代のパラダイム・チェンジを加速するために書かれた。
Masakazu Taniguchi
谷口正和
産能大学出版部刊

未来から今を計る
新しい物差し

1997年　産能大学出版部

当書は、次なる価値観のインフラを整理したものである。古い物差しを捨て、「新しい物差し」を使う。古い物差しの目盛りは新しいパラダイムの物差しには合わない。新しい価値軸を示す「新しい物差し」で、時代を、社会を、生活者を計る。我々には「新しい物差し」が必要であり、その物差しによって次なる想像力を喚起し、行動を速めることができるのである。

当然ながら、転換期に混乱はつきものである。しかし、この混乱の中から次なる物差しが出てくるのであり、だからこそ我々はそのことに対して素直になる。そして、むしろチャンス到来とばかりに、爽やかに変化を迎え入れればいいのである。この混乱を、互いに身の保全ではなく、生まれ変わるチャンスと認識すれば、「混乱もまた楽し」である。

心理が市場を形作る

当書で強く指摘していることの一つが〝心理〟の時代を迎えているということである。情報が一つの環境となって心理を決定し、その心理が逆説的に情報の意味や構造を決める。潜在していた心理環境が顕在化することによって市場のフレームを形作っていく。まさに「心理情報学」の時代である。

個人の好み、趣味趣向、気分、意識、つまり心理が自主的に市場を選択していく時代なのである。顧客の心理を理解し、心理の矢印を知り、そのための情報とは何かを察知する。顧客は情報を使って自らの心理を納得させていることを理解しておく必要がある。

目次

トメント／フォー・オンリー／コア・コンテンツ／「定」の破壊／ミディアム化社会／損する戦い

第2章　どこまでも顧客に委ねる

ゲート・フリー／民間解決方式／マーケティング・クラブ／シニア・ボーイ／専用仕様／選定市場化／素朴な疑問／自分がニーズ／カスタマー・エントリー

第3章　情報の本質を見抜く

商品触媒／ゲームのフレーム／メディア・ブランド／心理情報学／非連続連続／共生のパワー／集中整理学／「回」の時代／ネット・クオリティ／ワッツ・コンテンツ?／速度能力／エンバイロメンタル　ほか

第4章　「面白いことの力」を信じる

スター・マーケティング／ワンダビリティ／ヒットの予感／パーソナル・コンセプター／アディクターズ／修行文化／未公開市場／話の素／ライフスタイル・スター／アンチ・スタイリング／ボディ・ギア／バーチャリスト／観光表現／デビュー時代／ゲーム方式

第5章　「時の力」を計画する

マス・ウェーブ／OKシグナル／近未来人市場／ワンデイズ・サービス／ジャーナル・サイクル／いまさらマーケット／今昔物語／タイムラグ・チャンス

第6章　心の揺らぎをつかむ

ヒール・プログラム／ヒール・ワーク／アナログ・バランス／美学論争／友よ／自己救済／コクーン・ウォーク／道学効果／感性波動／「朝」の時代

第7章　可能性に賭ける

IFINET／「無」の可能性／「ふらっと」コンセプト／「カン」の時代／Xシナジー／生活野生／ノン&レス／地球眼力

すべてのビジネスに〝楽習〟を搭載せよ

楽習の市場

1997年　日本コンサルタントグループ

自らを主人公とし、自分が理想とする生き方に対して自発的にライフスタイルを再編する時代を迎えている。一言で言えば「生まれ変わり」であり、そのために我々は「学び直す」のである。「学習」とは、自発的に手を挙げ、自らそのような環境を得て「学び習う」世界へ入ること。それを一歩進めて、生活と人生をより充実させるために習うことを当書では「楽習」としている。顧客は自ら手を挙げ「楽習」のマーケットを形成しようとしているのである。

一人ひとりが我が内なるライフクリエーター、ライフデザイナー、ライフアーティストとしての自己に気づき始めた。その中で、楽習ノウハウ、サークルづくり、道具、教科書、スクーリング等が求められている。「すべてのマーケットを楽習市場の中に置き直せ」、これこそ当書で伝えるメッセージなのである。

楽しみを内包した〝エデュテイメント〟

新鮮な興味、新しい好み、胸踊る好奇心、それらを入口にしてすべての人が「新楽習時代」に突入している。団塊の世代はもう一度少年少女、もう一度青春時代のテーマを再楽習する。エンターテインメントとしての楽習＝エデュテイメントなどの着眼も含みながら、時代は「大楽習時代」、市場は「大楽習市場」、人は「大楽習人」である。

楽しみをもって学ぶ、これが意識と行動を変え、生活を変え、人生を変え、マーケットを変える。まず入口は「楽習情報」の提供、続いて「体験楽習」の場づくりである。

目次

第2楽章　歴史からの楽習
――ヒストリー・カルチャー市場
大ロマン主義／メディア体験世代／情報生命

第3楽章　体験楽習の時代
――スクーリング市場
「ヒール・デザイン」のスクーリング／感性相似

第4楽章　楽しい楽習方法
――オンライン市場
ホーム・メニュー／インター・ホーム・マーケット

第5楽章　参加、交流、発表する人生
――高齢者楽習市場
エンジョイ・コレクター／人生のヒント／ビギン・ザ・ビギン／聞いて宣言／考個学／サバイバリズム

第6楽章　通信販売と通信楽習
――セルフ・ラーニング市場
ビジネス遊学／映画監督レッスン／カラオケ・セルフレッスン／オンライン黒船／家事の学習

第7楽章　旅行が最大の楽習産業
――カルチャー・ツーリズム市場
CS革命／コミュニティ・シチズン／地球人学校

第8楽章　雑誌が楽習教科書
――ジャーナル・ラーナー市場
編集長は私／ネオ・パッケージング／ウーマナイズ

第9楽章　楽習する組織の台頭
――ラーニング・オーガニゼーション市場
ポリシー・マーケティング／ポリシー・スピード

第10楽章　店頭は「楽習」の場
――ライフ・レッスン市場
ラテン・テーブル／クロスサイズ／フルセルフ方式

個人の感動が劇的な商品を生む

感動商品ヒット117

1997年　同朋舎

バブル崩壊以後、物を売る側は、「価格」を爆発的に動かし自らの主体性を回復しようとしてきた。しかし、安く買えることは消費の楽しみの一部に過ぎず、個人の感動こそが劇的な商品を生むということを当書では指摘している。

「グローバルコレクト」を問いかける

当書では、感動商品を生むキーワードとして「SIMPLE」「THANKS」「SELF」の大きく3つをあげている。中でも「THANKS」で強調しているのが「グローバルコレクト」という言葉。「地球に正しい」という意味で、どんな商品やサービスにも「それは地球にとって正しいか」という問いかけが必要な時代になりつつあるということである。「感動商品」とは、「グローバルコレクト商品」であるかどうかにかかっているといってもよい。

目次

遊びとは脱日常である

「遊び」力をつける

1998年　日本経済新聞社

当書はタイトルの通り、「遊び」の持つ力を借りようということである。「遊ぶ精神」のみが新たな「遊び」を創造しうる。いかに遊ぶことができるか、それがこれからのビジネス創造の大きな鍵になるのである。

イノベーションのカギは「遊び」にあり

「遊ぶ」とは何か、それは心を遊ばせることである。心が遊んだ時、そこから新しいアイデアが浮かんでくる。そして心を遊ばせるコツの一つは「解決すべき課題を常に心の片隅に置いておく」ことである。「遊び」は脱日常であり、脱規制であり、脱常識であり、脱過去の自分である。時代のパラダイムが大きく転換する中、真面目だけでは過去の枠組みから逃れられない。新しさとは「異」の発見であり、「今までにない価値観」との出会いである。そのために「遊び」の力を身につけ活用することこそ、当書の意図するところである。

目次

顧客と共に育ち合う「協創の時代」へ
CSミサワホームの挑戦

1998年　ダイヤモンド社

当書は、ミサワホームのあくなき消費者志向への挑戦を一種のドキュメントとして記したものである。生きている事例から生きている知恵を学ぶ、それ以上の学習はない。その意味において当書は、消費者志向に挑戦する企業にとっての真の教科書といえるだろう。

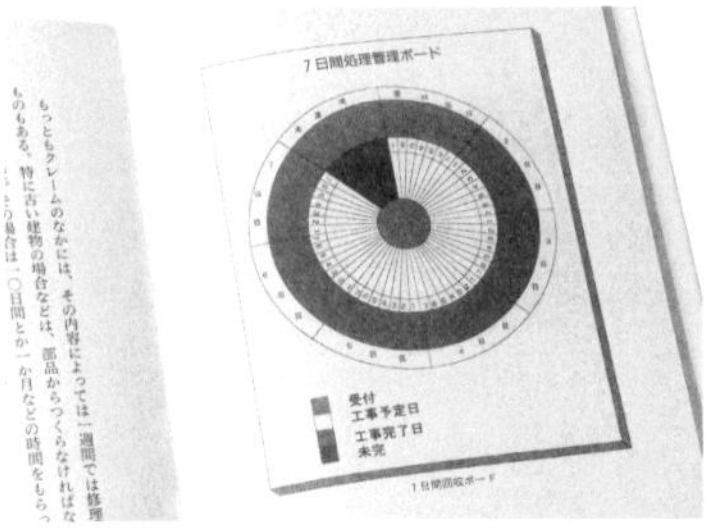

時代のパラダイムは「直線型」から「循環系」へ

企業は単に経済的存在であることを超えて、いかにソーシャル・ポジショニングを獲得するかが問われている。顧客に支持されて、初めて企業は社会的存在であることを許されるのである。顧客を量としてとらえるマス発想の企業、売り手から買い手へという一方通行の矢印しか持たない直線型企業の時代は終わった。顧客と循環し、資源と循環し、地球生態系そのものと循環する「循環系」企業の時代に入ったのである。全てを無駄なく生かし合う関係、そのエコロジカルな関係を求めて企業は活動し、顧客はその一点を評価することを理解しておく必要がある。

目次

顧客の課題解決によって顧客を創造する
カスタマーソリューション

1998年　産能大学出版部

全てのビジネスは「顧客の生活課題の解決」という根源的なところへと引き戻された。売れているものを語り合う時代は過ぎ去り、企業が生き残るためには「顧客との協業」を前提とした「カスタマーソリューション」への取り組みが必須となっている。

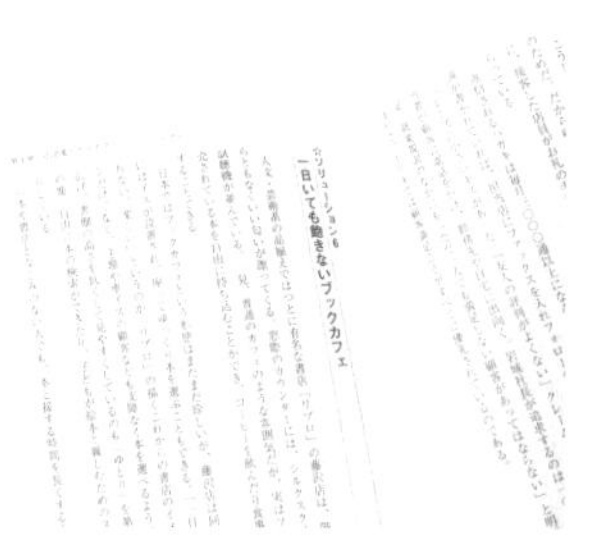

顧客の満足が自分の満足に

カスタマー ソリューション企業に変貌するための第一歩となるのが「たった一人の顧客の役に立ちたい」と願う心であると当書は指摘している。「我々の企業は何のために存在し、何を成し遂げようとしているのか」、その答えの中心軸となるのは全て「顧客のため」であり、自分の持つ最高の能力を発揮し、どんな課題でも解決しようというのが「カスタマー ソリューション」の心なのである。

目次

ヒューマンデザインの時代へ

企業経営とデザイン

1999年　ダイヤモンド社

当書はミサワホームのプロダクト・デザインにかける情熱とその成果を一種のドキュメントとしてまとめたものである。一企業の取り組みではある、そこから読み取れる「企業経営とデザイン」という問題は、広く他業種の参考事例になるものであり、企業における最大の経営資源はデザインであると当書では強調している。

現在、私たちが抱えるグランド・デザインは、大きく2つに分けることができる。一つは、あらゆることを地球という視点を通して見る「地球デザイン」、そしてもう一つが「個人デザイン」である。この「個人デザイン」のもっとも発揮される自己表現の場の頂点が「家」である。「個人デザイン」は自分を軸として最小単位のグランド・デザインの完成を目指すが、そのピークにあるものが「家」だということである。

エコロジーと家のデザインの共通点

家のデザインは、豊かな熟成化社会となろうとしている日本の最大のデザイン課題といっても過言ではない。21世紀の最大の価値観変化は「所有から使用へ」、この変化は家も同様である。「一生自分のものとして所有する家」から「ライフスタイルの変化に合わせてその都度使用し滞在する家」への変化である。その際のデザインのポイントは「あまり自己流のデザインにしすぎない」こと。個人のデザイン観が出すぎると普遍性をもたなくなり、次の人が使いにくくなるということである。シンプル、プレーン、ピュアはエコロジーの重要コンセプトであるが、これは家のデザインにも通じることでもある。

目次

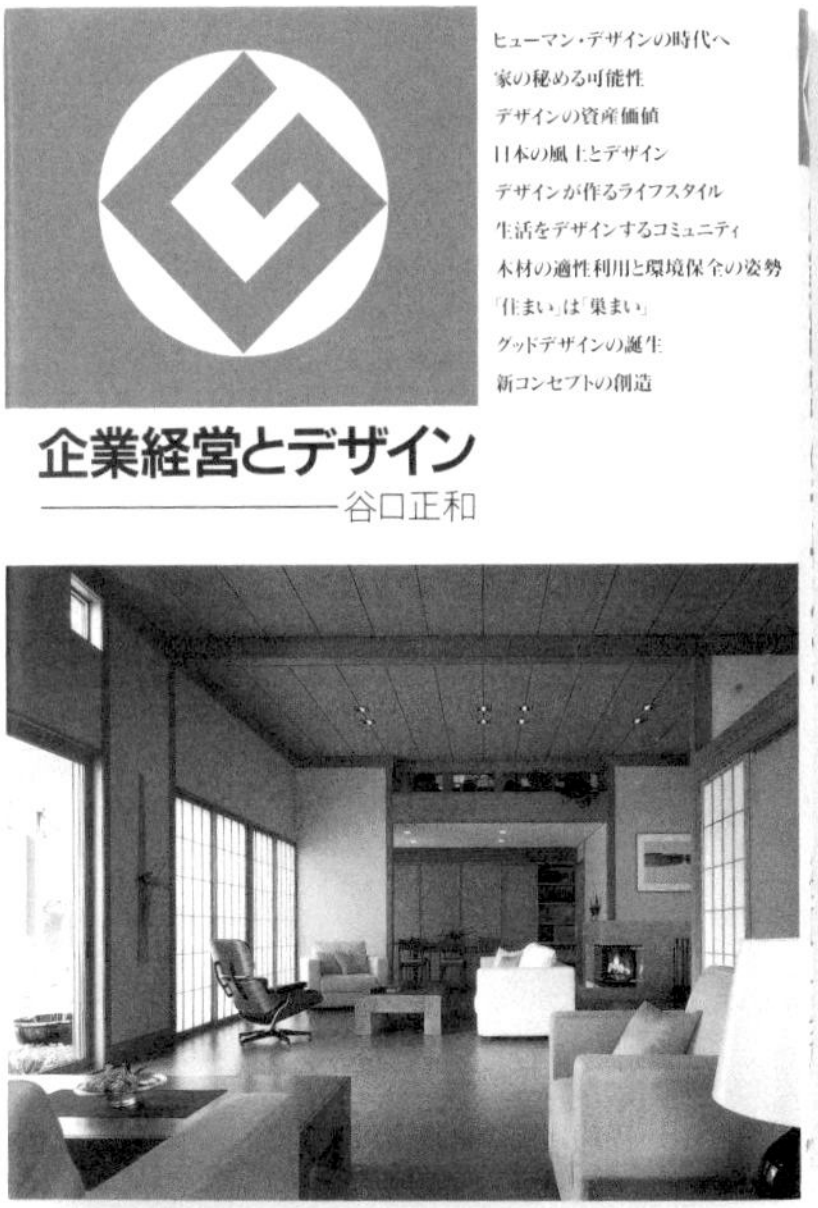
ヒューマン・デザインの時代へ
家の秘める可能性
デザインの資産価値
日本の風土とデザイン
デザインが作るライフスタイル
生活をデザインするコミュニティ
木材の適性利用と環境保全の姿勢
「住まい」は「巣まい」
グッドデザインの誕生
新コンセプトの創造
企業経営とデザイン
谷口正和

未知なる感性との遭遇

デジタル感性

1999年　産能大学出版部

歴史上、どんな技術革新も、技術が開発された時点で、それが何に役立ち、どのように使われるかあらかじめ予測されていたといわれるが、コンピューターだけは違った。それが何に使われ、どのような変化を社会にもたらすか分からないまま発明されたのである。技術が先に開発され、使い方が後を追うように次々と編み出されているといえる。

コンピューターを中心とするデジタル文明の進化は予測不能な面を持っている。しかし、ただ一つ確かなことがある。それはデジタル感性の登場が、我々一人ひとりの感性に根本的な変化を引き起こすということ。その新しくもたらされた感性を「デジタル感性」と名付け、様々な角度からそれを読み解いていこうというのが当書の目的とするところである。

そして老人はいなくなった

インターネットにおいては、力を長く保持するスタミナも、早く走る能力も、遅くまで起きている忍耐力も必要ない。つまりユーザーが体力によるハンデを感じる機会は皆無であり、そのためインターネット上では「老い」という概念自体が意味を持たないということである。そのため、リアルな社会では滅多に見られない、子どもが主婦と友だちになったり、老人が青年と友情を育むようなことも日常茶飯事なのである。必要なのは最低限のマナーと、コミュニケーションとしての楽しさだけ。それさえあれば、誰でも仲間を見つけられるのである。心にさえ若さがあれば誰もが永遠に青春を楽しめる桃源郷。そんなユートピアの入口に我々は立っているのである。

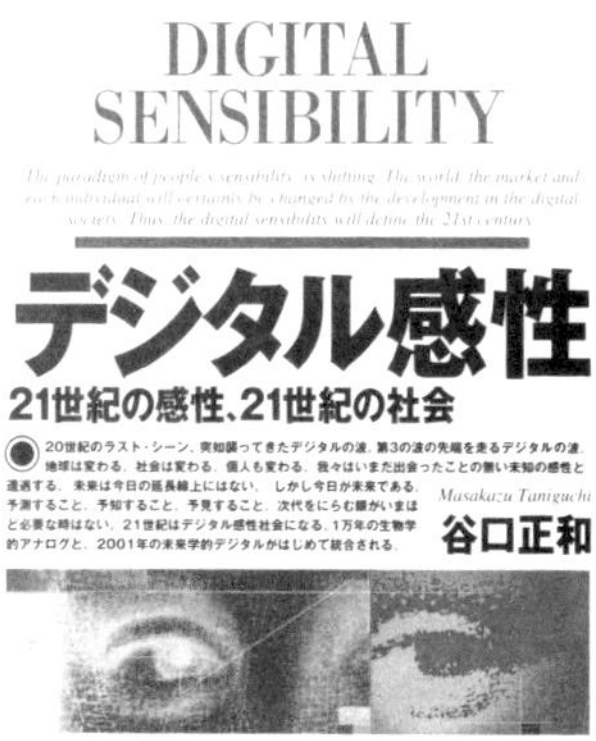
DIGITAL
SENSIBILITY
デジタル感性
21世紀の感性、21世紀の社会
20世紀のラスト・シーン、突如襲ってきたデジタルの波。第3の波の先端を走るデジタルの波。
地球は変わる。社会は変わる。個人も変わる。我々はいまだ出会ったことの無い未知の感性と
遭遇する。未来は今日の延長線上にはない。しかし今日が未来である。
予測すること、予知すること、予見すること。次代をにらむ眼がいまほ
ど必要な時はない。21世紀はデジタル感性社会になる。1万年の生物学
的アナログと、2001年の未来学的デジタルがはじめて統合される。
Masakazu Taniguchi
谷口正和

産能大学出版部刊

目次

〝ライフスタイル・インダストリー〟への転換

ライフスタイル市場

1999年　繊研新聞社

消費者をカスタマー、顧客と呼ぶようになって久しい。消費者はコンシューマーを訳したものであるが、まさに「consume＝使い果たす人、消耗する人」としての認識であった。一方、カスタマーとは「custom＝関係が〝習慣化〟しているお客さま」のこと。つまり、あなたのビジネスを変わらず支持し続けてくれるお得意さま、顧客のことである。

この顧客認識の転換の中に、今日のマーケット状況がよく表れている。我々の使命は、カスタマーを創出し、様々な生活課題を解決すること。それは、カスタマー・ソリューション業と言い換えることもできる。そして顧客の課題解決にとって、最も重要な視点こそ「ライフスタイル・マーケティング」なのである。

提供者の論理を背景とした業種業態の区分によってビジネスが成

ライフスタイル市場を構成する「三つの生活圏」

当書では、21世紀のライフスタイル市場を、三つの生活圏とその重なり具合の中で整理できると指摘している。その三つの生活圏とは「個人生活圏」「地球生活圏」そしてそれらを結ぶ存在として台頭してきた「メディア生活圏」である。

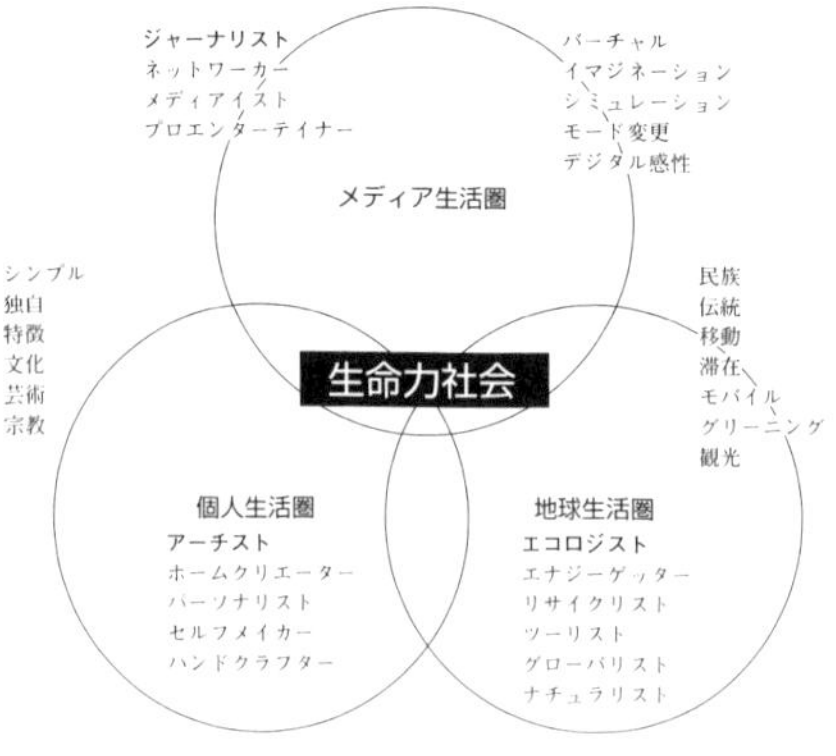

アイデアが問われる市場

「考える」が創る市場の構造

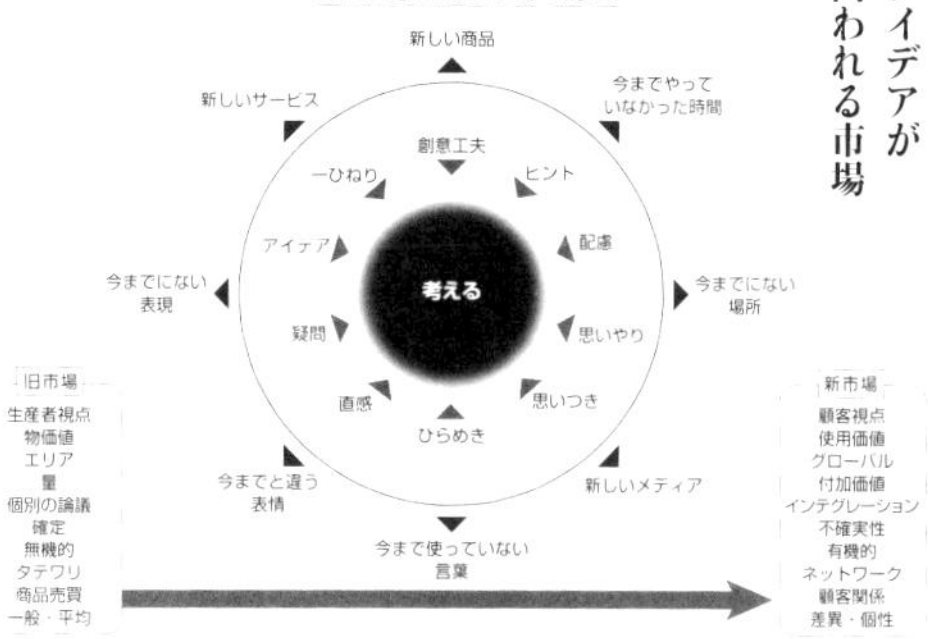

今、大きく問われているのはアイデアである。思考が足りない、着想が足りない。我々のいうコンセプトは「着眼点」ということだが、その着眼が弱い。重要なのは、一つのヒントに対して多彩な角度から考えてみること。最も重要なお客さまのちょっとした気づきや要望に思いを馳せ、それをヒントにして一ひねりしてみるところに最も優れたアイデアは生まれる。代表顧客がアイデアのヒントを持っているのである。

立していた時代は終わった。なぜなら、我々の生活には、そうした垣根が一切ないからである。つまり、生活はトータルな総体としての存在なのである。物は単体としては存在せず、トータルな生活シーンの中の一要素としてそこにある。日々の暮らし方、時間の過ごし方そのものが新しい価値であり、物はその暮らし方、過ごし方に合うように選択されていく。「時」「場」「テーマ」「人」、このライフスタイルの４大要素の組み合わせにフィットするように選ばれていくのである。

例えばファッションで考えてみても、我々はややもするとファッションという単体のものが存在するように思いがちだが、そうではなく、それもやはりライフスタイルの一部なのである。自分らしい暮らし方の追求、そのスタイルの実現、つまりは自己表現の日常的スタイルそのものがライフスタイルであり、そこに個人の優れた満足の形がある。今日、私はこのように暮らしている、ということに対する満足である。

ライフスタイル・マーケティングとは、イメージではない。それは憧れを超えた実体づくりなのだ。そして、その実体づくりの目標

目次

とレベルが、ランクアップしているのが今日なのである。ランクップと言っても、それは決して高級品ということではない。物ではなくセンス。生活はセンスづくりになったのであり、提供者サイドが求められているのは、顧客に対するセンス提供なのである。

もう一つ重要なものが「使用価値」である。使用価値とは〝実体化できるセンス〟のことであり、使えないものは価値ではない。「時」「場」「テーマ」「人」、このライフスタイルの4大要素をミックスして使用価値があるものをセンスアップして提供することが求められているのである。

"今までにないコト"を起こせ！
ベンチャーコンセプト

1999年　日本コンサルタントグループ

コトが起きなければ何も始まらない。変化はやってこない。ベンチャーとは"まだないコト"を勇気を持って起こすことなのである。あらゆる分野でニューモデル、ネクストモデルへの再編期を迎え、企業内であろうが企業外であろうが、時代はまさにベンチャーの乱立を求めている。その多様な企業事例というものが、我々に大きな勇気とヒントを与えてくれるのである。それをマーケティングの領域からしっかりと整理し、何がそのマーケットの大きな課題だったのかというテーマ・マーケティングの構造を明らかにしたのが当書である。

どんなコト起こしでもいい、小さくてもいい、重要なのはそれを新ビジネスモデルとして提示し、アクションを起こすこと。そこから全てが始まるのである。

「熱意と汗」が最大のキャピタルに

全ビジネスがベンチャービジネスになる時代において、その経営資源となるのは多額の資本金でも分厚い経営プランでも人数でもなく、「熱意と汗」である。本当に強くそう思ったから事業を立ち上げた、やってみようと決めた。真ん中に本気を置く以上、そのエンジンは「熱意と汗」でなくして何だろうか。思いを込めて働き、遊び、学び、集い、楽しむ。「熱意と汗」の本質は生き生きとした人間らしさである。自ら熱意の汗をかき、その体験を顧客に伝え、顧客に迫る。「熱意と汗」がなければ、他に何が揃っていても駄目ということである。

目次

4章 **H&B** 日々若々しく、美しくありたいという
願いに応えるマーケット

5章 **スモールメリット**
凝縮し、精度を追求するマーケット

6章 **セルフ式**
顧客の「自由自立」「自己発見」を支援するマーケット

7章 **エナジーゲット** 生命力注入市場の到来

8章 **ホームクリエーション**
わが家での楽しみがマーケットをつくる

9章 **京都の発想**
21世紀を拓く1200年の知恵に学ぶ

10章 **エリア・マネジメント**
ホームグラウンド・サービスの充実

11章 **ベビー&キッズ市場** 少子化時代の市場戦略

12章 **エンターテイリング**
エンターテインメント・スピリットが市場を変える

13章 **企業経営とグッドデザイン**
デザインのレベルとセンスが企業の明暗を分ける

14章 **クラブ・マーケティング**
顧客が遊び心を持って参加できる
マーケティングの仕組み作り

15章 **ハッピー・マーケティング**
気をポジティブに回すマーケティング・アクション

16章 **願望私様**
自分だけを満足させる究極のサービス

17章 **エコマーケティング**
未来に向けてつながり直すマーケット

18章 **ミニ・ソリューション**
日常の中の小さな解決方法

押し寄せる21世紀の変化潮流
ディープ インパクション

1999年　太陽企画出版

当書が出版された90年代の最大のキーワードの一つが「21世紀」であった。まさに100年に一度の大転換期であり、ビジネスのあり方から個人の生き方に至るまで、全てにネクストモデルが求められる時といって過言ではない。企業が自分たちの都合で商品を作り、一方的に売ってきた時代は終わった。企業と顧客の立場は完全に逆転した。たった一人の〝顧客〟が抱えている問題を解決し、個人の都合を商品やサービスに戻す。全てを顧客の意見を反映した「顧客参加」のもとに解決していく。そうした顧客の声は、実は日々に反映されている現象群の中に潜んでいるというのが当書の指摘である。背景に意味のない現象はなく、どんな現象も必ずその背後に貴重な意味を含んでいる。それらの意味を現象群の中からつかみ出し、100のコンセプトとして提示したのが当書である。

現象先行・実体後行

当書の100のコンセプトの一つが「現象先行」である。これは、現象が先行してから事実が起きる、実際に市場化する前にそれを引き起こす現象が前倒しで存在するということである。まず、話題や噂、情報としての現象が起き、それを再確認するように消費が後追いで起こる時代だ。「作ってしまってから売り込む」から「顧客が決まってから作る」への転換であり、マーケットが確定してから生産が始まるということ。サービス化社会は情報を先行させて顧客に公開し、確定したものを顧客に届ける社会なのである。

DEEP
IMPACTION
ディープ インパクション
Masakazu Taniguchi
谷口正和
太陽企画出版

目次

スライス・オブ・ライフを読み解く ライフソリューション

2000年　繊研新聞社

顧客一人ひとりが、自分の生活や人生を自分が好むように設計する、いわばライフデザイナーの時代を迎えている。その中、企業が提供すべきサービスは顧客にとっての生活課題の解決であり、サービス化社会とは、この顧客課題を独自の方法で解決する社会のことである。

その時に重要なのが、顧客のスライス・オブ・ライフ（ライフスタイルの断面、場面）を発見し、具体的に思い描いてみること。自分が顧客であり、自分こそが最高のリサーチモニターという発想を持って具体的なアイデアを打ち出していく、それこそがライフソリューションなのである。顧客が描いている生活シーンに思いを馳せる力、ライフイマジネーションと呼べるようなものが、これからは必要不可欠になる。

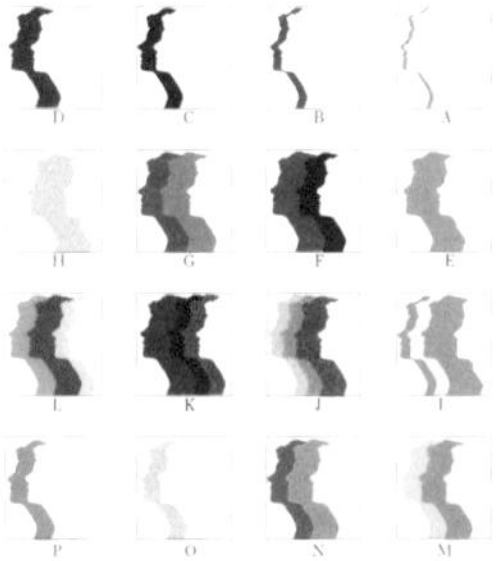

「顧客」現象から生活者志向を見出す

当書で強く主張しているのが、アイデアを出すことの重要性である。いかに優れた前説があっても、最終マーケティングは「アイデア」であり、だからこそ我々はアイデアを出すことに慣れておく必要がある。ではアイデアの源泉は何か、それは明快でクリアなコンセプトである。ではコンセプトのもとは何か、それは着眼点である。では着眼点のもとは何か、それは「顧客」現象と呼べるもので、顧客の動向を具体的な現象を通じてウォッチングすることである。当書は、一見バラバラに見える「顧客」現象を横軸に串刺しにし、それをコンセプト化したもの。ソリューションをキーワードに、101の切り口で市場を分析したものである。

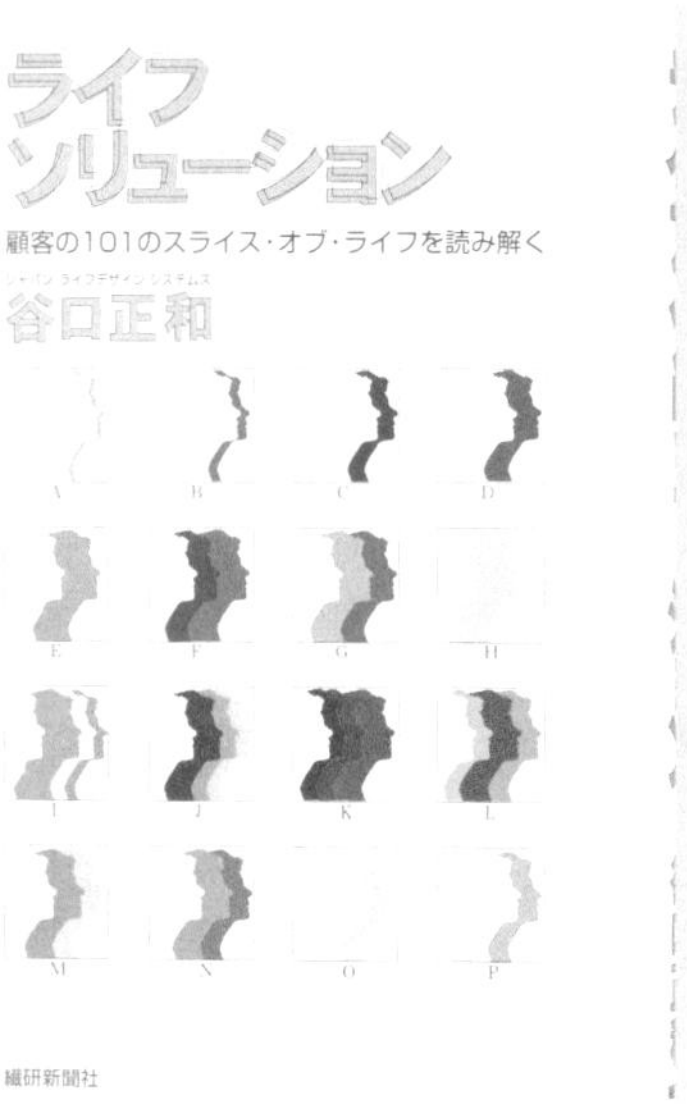
ライフ
ソリューション
顧客の101のスライス・オブ・ライフを読み解く
谷口正和
A B C D
E F G H
I J K L
M N O P
繊研新聞社

目次

CAFE

最小単位からの発想こそ21世紀のメイントレンド

小さな人生。

2001年　東洋経済新報社

21世紀の軸足は「個人」しかない、これこそが著者の絶対的確信である。世界を変えるのは巨大主義ではなく、最小単位から出発するミニマム主義。個人の行動が広がり、あっという間に世界を変える、そんな時代が21世紀なのだ。この時代のヘゲモニー（主導的地位）を握るのは、大国ではなく最小単位としての「個人」。力によるヘゲモニーではなく、考え方によるヘゲモニーである。国家や国境は意味をなくし、個人がネットワークし、世界をワン・グローバリズムへと変えていく。しかし「差異」は無くならない。その「差異」の原点にして唯一の足場、それが「個人」であり、あなたの「小さな人生」観である。文明は共通を目指すが、文化は差異を目指す。「小さな人生」は文化のパラダイム、それも「個人文化」のパラダイムなのである。

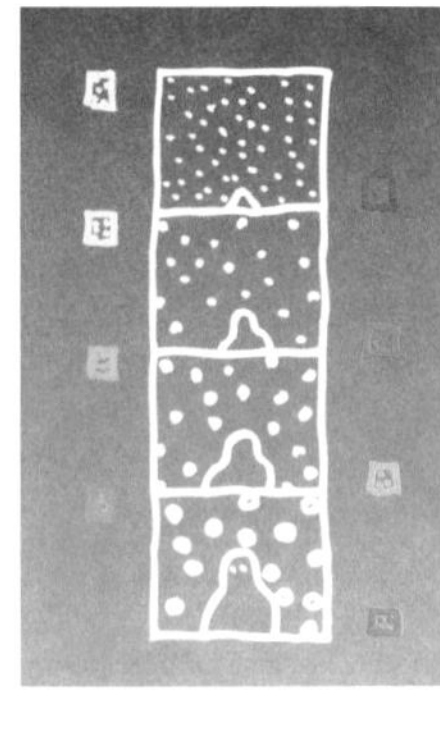

ONEの創造

ビジネスにおける「ワン」には大きく3つある。それは「ナンバーワン」「オンリーワン」「ファーストワン」。20世紀の競争は、売上や店舗規模、顧客総数の「ナンバーワン」を目指す競争であった。しかし、この物量型ナンバーワン争いが破綻をきたしているのは周知の通り。これからの「ワン」の争いの焦点は「オンリーワン」「ファーストワン」であり、独自であること、他にないこと、初めてやったこと、これらが21世紀の差別力となるのである。

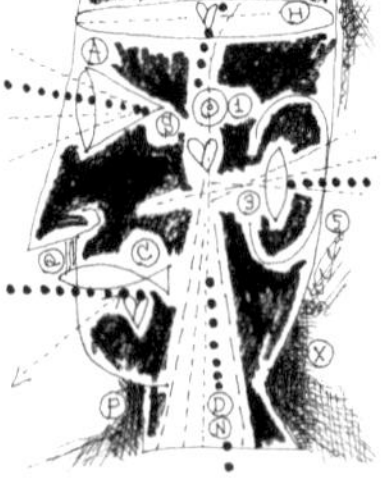

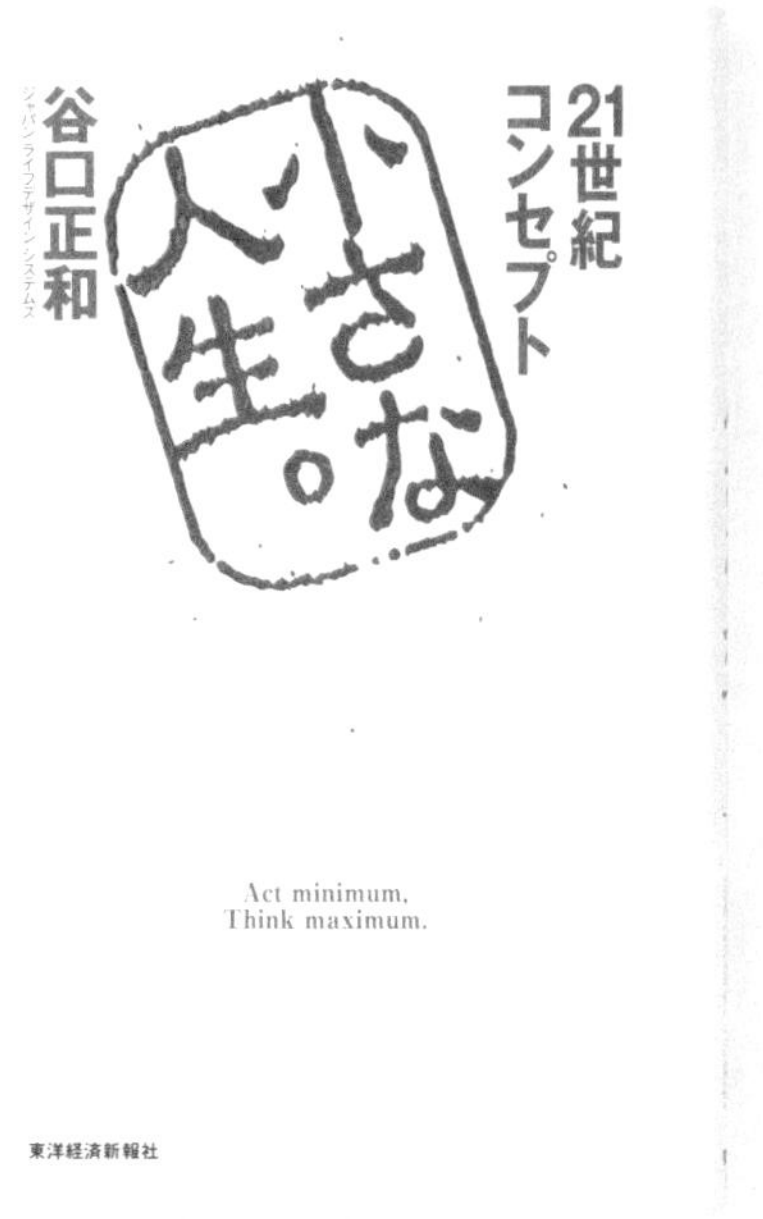
21世紀コンセプト
小さな人生。
谷口正和
ジャパンライフデザインシステムズ
Act minimum,
Think maximum.
東洋経済新報社

目次

最小単位から最大のマーケットをねらう

「最小単位」の市場戦略

2001年 かんき出版

たった一人の顧客が、たった一つの願いを解決して欲しいと思う。市場は、このような個人的要請の組み合わせに変わった。個人の持っている〝今〟という最小単位の時間、そこに立っている最小単位の場、期待値のコアになる最小単位のテーマによって、市場は構成されるようになったのである。

最小単位経営とは、「ひとり、ひととき、ひと思い、ひと場所」といったワンテーマの厳選圧縮された質を問いかける。個人が主人公になり、主体性を持ち、個人と個人が組み合わされ、そしてプロジェクトが発生する。その意味において、今の時代は最小単位の組み合わせ、つまり個人の組み合わせ社会ということ。一人ひとりの違いを持った「個性」というものの組み合わせによって集まり直す時代なのである。

「個人文化」時代の到来

現在は個人、1日、1時間、ご近所、それら最小単位に焦点を合わせたものが、逆説的に最大のマーケットを取る、これこそが「ユニット・パラドックス」であり、その最大のパワーとなるのが「個人文化」である。今、市場を根底から変えているものは、生き方や働き方、旅のあり方、学び方などを含めた無数に発生している個人文化だ。社会の既成概念に従って生きるのではなく、自分の価値観を主軸に生きたいと願う「マイウェイ・オブ・ライフ」主義者たちの台頭である。

20世紀の大量生産システムのなかで規格化された価値観が、最小の個人単位へと回帰しつつある。それ以上分割できない最小単位の「個人」の時代の到来である。

■「カスタマイズド・サービスプラザ」への転換

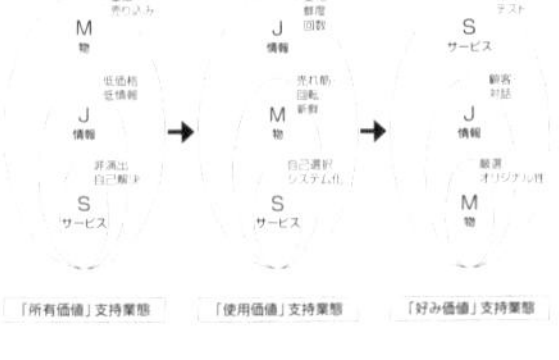

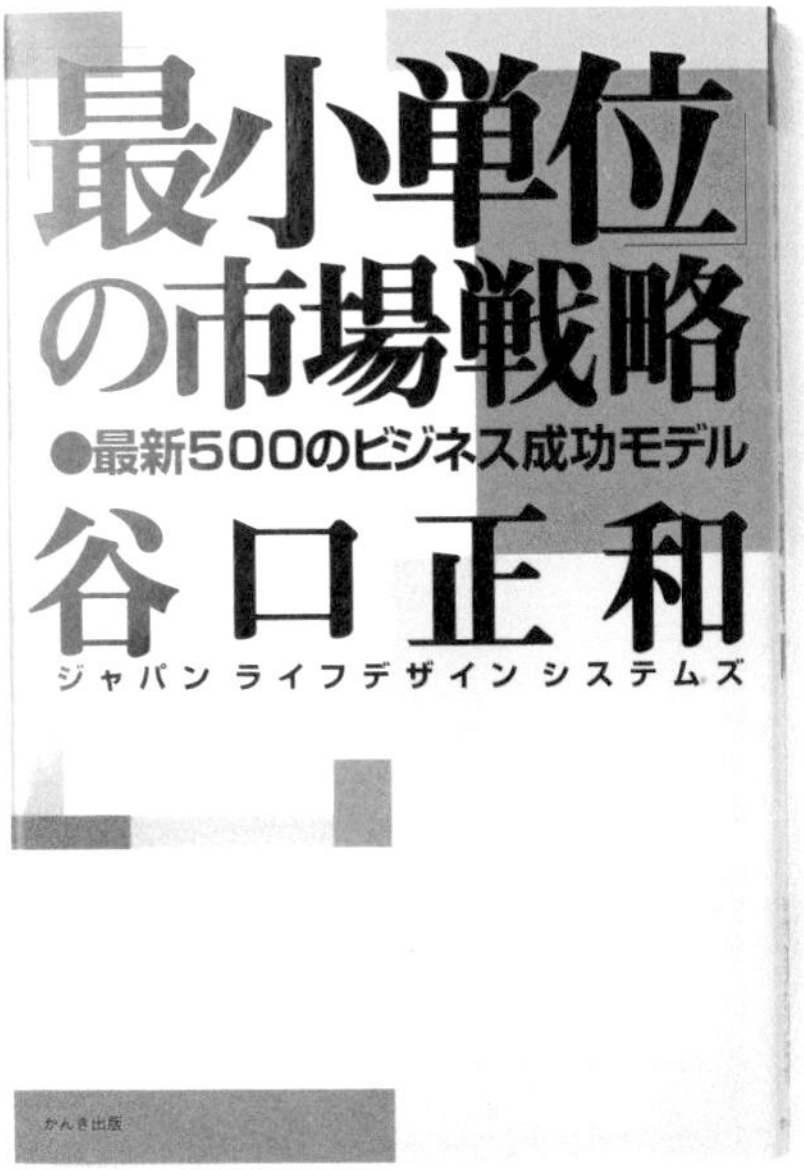
「最小単位」の市場戦略
●最新500のビジネス成功モデル
谷口正和
ジャパン ライフデザイン システムズ
かんき出版

目次

ビジネスコミュニケーションの基本はプレゼンにあり
プレゼンの成功法則

2002年　東洋経済新報社

ビジネスの場において、交渉も提案も、全てがプレゼンテーションである。想像力が疲弊した時代に向けて、どのように新鮮な着眼、視点、発想により、次なるパラダイムを開くか。当書はこの一点に向けて書かれたものである。

必要なのは、未来を刺す〝絞り込まれた矢〟である。圧倒的に突き抜ける想像力である。明日への潮流の創造こそ、今日、我々がプレゼンすべき義務である。ただ技術的に成功するためだけのスキルワークは当書の趣旨ではない。テクニックとスキルワークで成功を収めることができた横並びの時代は終わり、今やBe Different! Think Different!の時代、差別力開発こそ生き残る道である。テクニックとスキルワークではない、コンセプトとストラテジーの時代なのである。

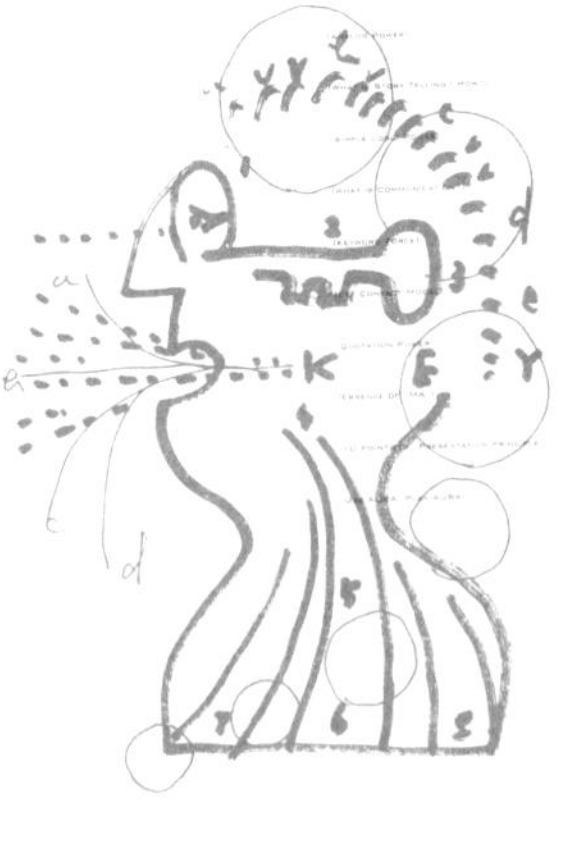

圧縮によって研ぎ澄まされるコンセプト

当書の中に繰り返し出てくる圧縮論、凝縮論は、プレゼンの本質である。「圧縮」は高度情報化社会の情報整理の最大のキーワード。無限に拡散する情報を一気に圧縮して「一語」にする。「一言で言ったらどうなるか」この問いを自らに発するところから始まる。

情報をどのように〝使えるもの〟にするか、それが高度情報化社会のマーケター、プランナー、コンセプターの役割。それは「圧縮による一語化」によって果たされる。つまりはコンセプト・キーワード化なのである。

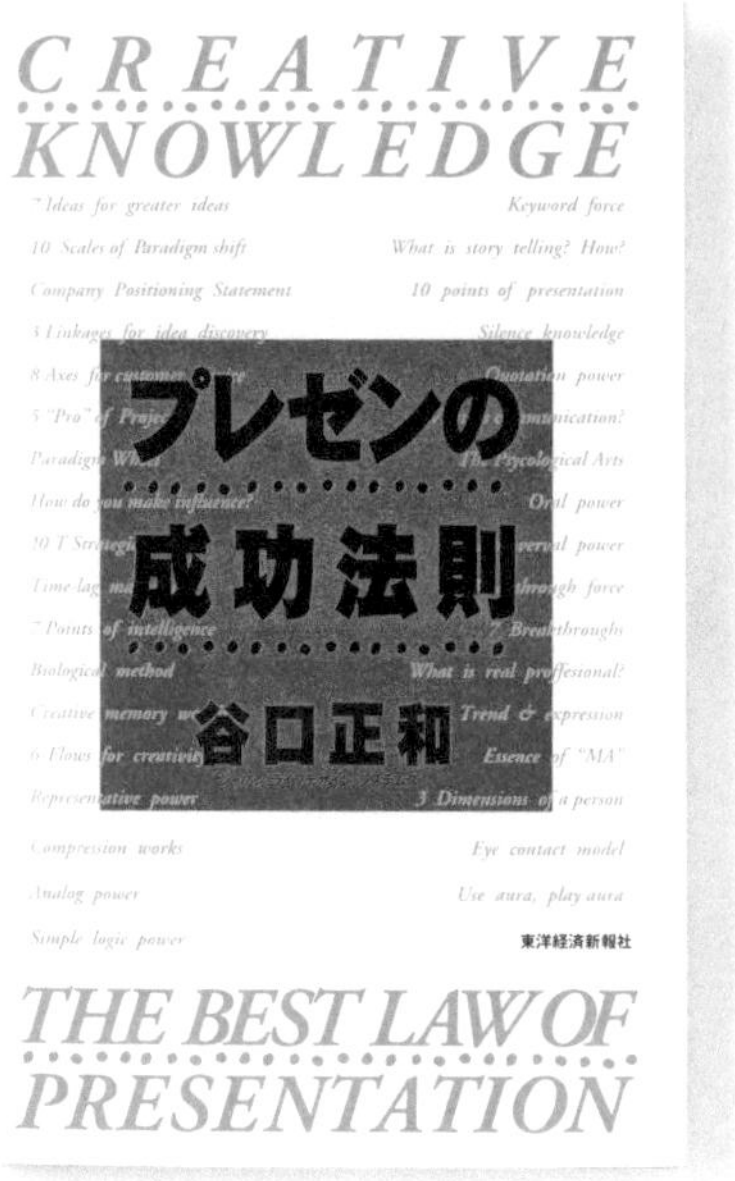

目次

PART 1　プレゼンは意味圧縮の法則

◎情報を圧縮しても減らさない方法、
それはコンセプト・キーワード化。
100行↓10行↓1行↓一語

◎トータル発想が、全体の戦略を構築する。
10の「T」でプレゼン・プランを考える。

◎プレゼンはストーリーテーリング。
ひとつのもの方語、ドラマを組み立てて提案する。

◎プレゼンテーションは「舞台」。
役者となるためのオン・ステージ7つの作法。

PART 2　プレゼンは市場観察の法則

◎今何が起こっているか。
価値のベクトルを情報の「3点リンク」で確認する。

◎クリエイティビティがプレゼンの命。
創造性を発揮するための6つのフロー。

◎前提として、市場と顧客の意識は
どのように変化しているか。
「10の物差し」で整理する。

PART 3　プレゼンは心理洞察の法則

◎「暗黙知」のダイナミクスを重視する。
心理の時代は、ほとんどが
暗黙知によって理解されるのだから。

◎発想には「原型」がある。
素晴らしい発想を生むための7つの発想法。

◎想像の原泉は情報。いかに「創造」のための
「記憶力」を身につけるか。　ほか

心理時代は〝安心〟が中軸に

コンセプトは「安心」

2002年　東洋経済新報社

物と経済が市場をつくっていた時代から、顧客の心のありようを最優先する心理市場の時代に突入した。物的拡大の時代は終わり、心理的凝縮、質的圧縮の時代へ。「どう思うか」「何に心理的安心軸を置くか」がマーケットを動かすようになっている。その心理の最大の中軸となるのが「安心」である。マーケットは「不安から安心へ」、いかに顧客の心理へ安心を届けるように商品やサービスを提供するかが問われている。

大きな「安心」は小さな「安心」の組み合わせであり、だからこそ「大きく一発で解決！」などと思うのは間違いである。最小単位の安心サービス、自己解決サービスを組み合わせて提供することが求められている。顧客に安心を提供する、顧客に安心して委ねていただく、その双方を商品、店舗、サービスにして届けよう。

「自己防衛」が「安心」を生む

個人化が進む中、「安心」とほぼイコールになってくるのが「自己防衛」の認識である。住居から食べ物まで、顧客は自己防衛性の高いサービス、商品を意識して選択するようになってきている。この「安心」「自己防衛」のマーケットは、大きく2つの軸によって構成される。自分で解決することで安心する「自己解決」軸と、専門家が解決することで安心する「プロ解決」軸である。マーケットに「安心」を創造せよ、「自己防衛」商品やサービスを開発せよ、それこそが今の時代の企業に求められることである。

目次

「コンセプトは「安心」」

谷口正和《ジャパンライフデザインシステムズ》

東洋経済新報社

内面を充実させる内向きのベクトル
五〇歳からの自己投資

2003年　東洋経済新報社

超高齢社会に突入し、歳をとることをどう受け止めるかが一人ひとり課題となった。50歳という人生の折り返し地点を迎え、外に向けて投資していた人生から、内なる自分に向けて投資する時代へとシフトしている。

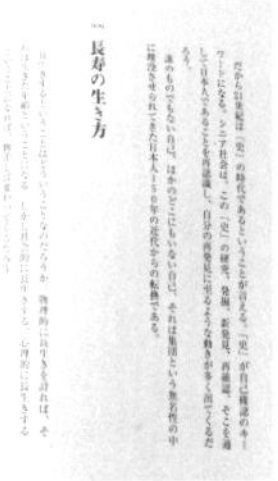

「五得」を生かしたこれからの生き方とは

「50歳からの自己投資」社会における重要な要素として、当書では「五得豊穣」社会と位置付けている。「五得」とは〝5つのものを得る〟という意味で、五穀豊穣からの造語である。その5つとは「時を得る時持ち」「友を得る友持ち」「経験を得る験持ち」「物を得る物持ち」「金を得る金持ち」。これらを生かして社会と積極的に関わり合い、それぞれの得意技をお互いに発揮し合って生きる相互共生社会を迎えている。

目次

顧客心理を〝気分〟で読み解く

買いたい気分にさせる50の作戦

2003年　かんき出版

思いが先行する時代の顧客心理学を「気分」で読み解いたらどうなるか、それが当書の狙いどころである。優れた気分を提供すれば顧客満足が発生するが、提供できなければ不快感が残る。心理的サービス力のわずかな差で結果が分かれるのが心理市場なのである。

顧客の「気分」をキャッチせよ

当書のコンセプトは「気分の演出学」である。気分という抽象的で曖昧模糊としたコミュニケーションにも、やはりノウハウはある。それを伝えることが当書の目的である。

心理の時代は、満足も気、幸福も気、親密も気、継続も気である。それを一言でいえば「気分の演出」ということになる。だからこそ、商売の表層だけを見ず、顧客心理という内側にある「気分」をとらえることが重要になるのである。

目次

次なるパラダイムシフトの出発点

2010年革命

2004年　講談社

当書は2010年を一つのパラダイムシフトの完了、そして次なるパラダイムシフトの出発の時と見据え、そこに視座を置き、これからの社会変化、市場変化、顧客心理変化を読み解こうとしたものである。

物資の欠乏からサービスの欠乏へ

「2010年革命」の最大の原動力として挙げているのが高齢者革命である。今まで起こったすべての革命は、物資の欠乏から起こった。これから起こる「2010年革命」は、サービスの欠乏から起こる。言い換えれば、「2010年サービス革命」なのである。どのようなサービスが必要なのか、どのような心理変化がどのようなサービスや物を要請してくるのか、まず必要なのは高齢者の心理変化に対する仮説。その高齢者の心理変化が、他の全世代にも影響し、社会と市場を変えていくのである。

目次

美の生産にいそしもう
アートスタイル市場

2004年　繊研新聞社

「美」は人間の最後の欲求であり、文化経済社会の最後の競争軸である。美が「スタイル」を持った時に、そこに「アート」が現れる。当書は文化的価値が市場的価値を決める「文化経済市場の検証」のコンセプトブックである。

美の市場の狙撃者たれ

個人化が進行するということは、精神化が進行するということである。最後の消費軸は「真」「善」「美」、すなわち芸術、哲学、宗教。中でも芸術的消費、アート的消費は、すでに市場を覆い始めている。消費されているのは物ではなく、アートに姿を変えたソフトである。自分だけのオンリーワン消費に至る道筋が見え始めている。アート市場が到来する中、我々は美の狙撃者となって市場を撃つのである。

目次

オンリーワン戦略の突破力
オンリーワンのつくり方

2005年　講談社

個人の数だけ、オンリーワンビジネスの種がある――。個人の時代を迎えた今、一人ひとりがオンリーワン創造の主役であると指摘している。すでに顕在化している一般的な顧客を一般的な手法で追う限り、オンリーワンビジネスを作り出すことはできない。もうすでにある市場をみんなで追っても限界は見えている。同じもので競争しても互いに苦しくなるばかりだ。求めるべきは「違いの百花繚乱」であり、私たちは競争ではなく共生が成り立つ社会へと進んでいるのである。未来は挑戦したものだけに与えられる。その根源はあなたの勇気、情熱であり、そこから全てが始まる。あなた自身の直感、感性、それがオンリーワンのオリジナル・エネルギーであることを信じて、今こそ始めるべき時であり、他者に先駆けて最初に始めるファーストワンがオンリーワンに直結しているのである。

「違いの創造」を求めて

アップルのスローガン「Think Different」ではないが、「違いの創造」こそ、成熟市場を生き抜く最後の戦いである。どうやって「違い」を創り出すか、市場創造の一番手になるか。成熟した日本のマーケットは、どのようなカテゴリーもすぐに飽和状態になり、類似と同質からの脱却が常に最大の経営課題となっている。当書では、そうした状況を打破するための基本的な手法を5つのステップ、方法論としてまとめている。

既成概念から自由になり、今こそ想像力の翼を羽ばたかせる時。あなたしかできないオンリーワンビジネスがきっとあるはずだ。その意味において、当書はオンリーワンで生きようとする全ての人たちへのメッセージであり、共通の教科書といえるだろう。

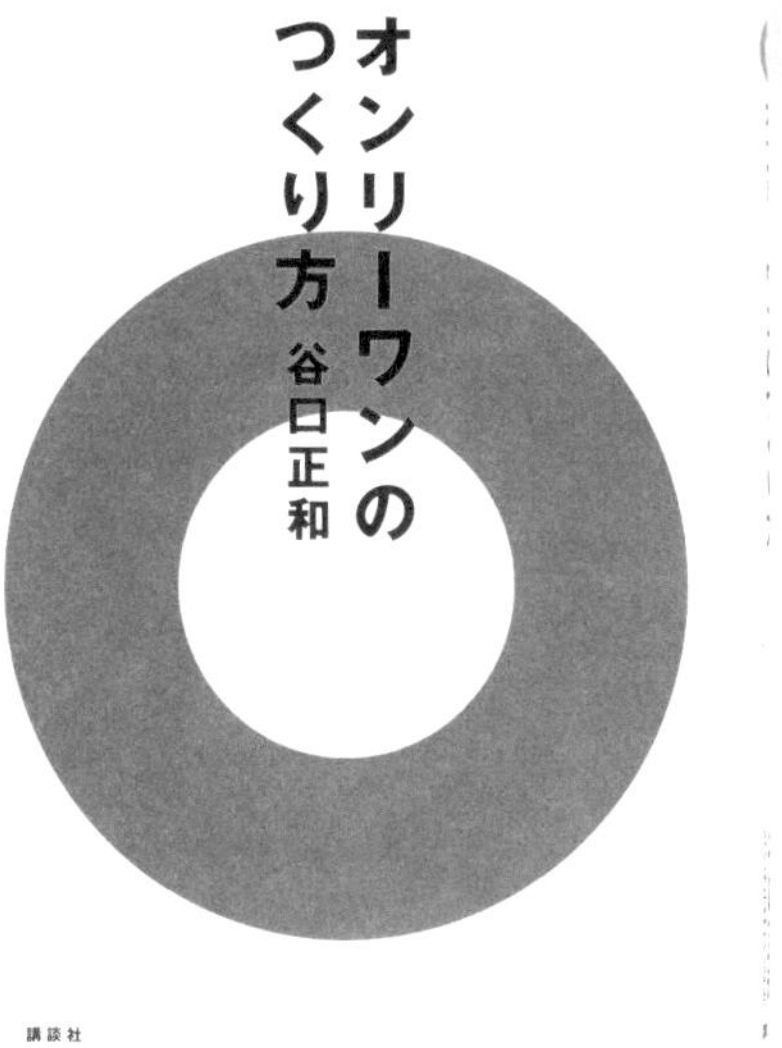

目次

時間が顧客を連れてくる

時間単位の市場戦略

2007年　講談社

価値創造の中軸になるもの、それが「時間」である。顧客はついに、生涯を一回のかけがえのない時間割とみる「人生時間」の時代を迎えたのだ。時間認識、時間発想、時間定規。全ての商品開発やサービス開発、ビジネスの構想と方向を「時間単位」という物差しで計り直す必要がある。そこから、今までの物主義、情報主義を超えた、新しい時間を軸としたサービス概念、事業戦略が生まれてくる。時間こそビジネスの絶対的経営資源であるとともに、顧客の絶対的生活資源でもあるのだ。顧客のための時間をいかに創造するか。新たな価値を持った「時」をいかに起こすか。全てを「時間単位」で見直したとき、そこにあふれるほどのニュークリエーションがあることが分かるだろう。時間単位発想によって、新たに新顧客と新市場をつくり出すことができるのである。

「三つの時」がまわっている

「時」には三つのフェーズがある。ご存知「過去」「今」「未来」である。「過去」という視点を強化すれば、懐かしさや思い出、その中で変わらぬ自分を再発見し、アイデンティティに戻っていくことができる。「今」という視点を圧倒的に強めていけば、それはライブになり、実演販売になる。「未来」という視座を強めていけば、それは素敵な「お話」と限定、予約につながる。「時」は常に掘り起こされながら、この三つの視点によって、繰り返し回転していく。要はどの時間帯に対する認識を強めるかである。

目次

時間単位の市場戦略
The market strategy of time units
谷口正和
講談社

心理の原点回帰現象

日本へ回帰する時代

2007年　繊研新聞社

日本の近代化が進む中で、我々の視座は常に外へと向けられ、国際的な経済成長力が強く追い求められてきた。しかし、文化が市場の座標軸となる文化経済時代の到来が、私たちを再び日本の文化へ、日本の歴史へと回帰させている。それは決して、祖国愛や民族愛というような思想的なものではない。国や民族の垣根を超えた地球社会において、それぞれの文化の本質を理解し合い、享受し合うことが求められているのである。

世界に対して目を向け続けてきた150年を経て、顧客が辿り着いたのは「そもそも私たちとは何者なのか」「今私たちがここに存在しているのはなぜなのか」という自己質問。その答えが「日本人」であり、「日本文化」である。当書で解いているのは、過去への回帰ではない。新しい時代の「日本文化回帰現象」なのである。

拡大する「自己存在証明」と「発表の場」への渇望

「自分とは誰か」「自分とは何か」この自己確認なくして、個人の時代を生き抜くことはできない。だからこそ、自己確認のための「発表の場」が必要であることをここでは指摘している。今後、個人化が一層進んでいく中で、「自己存在証明を求める人の増加」→「発表の場の増加」のサイクルはさらに拡大していく。確かに出版当時からカフェやバーなどが発表したい人の仮設ギャラリーのようになっているケースもあったわけだが、それから十数年が経過した現在でも、依然としてそうした発表へのニーズに場の数が追いついていない状況といえる。自己存在証明と発表の場への願望は、今なお肥大し続けていることを理解しておきたい。

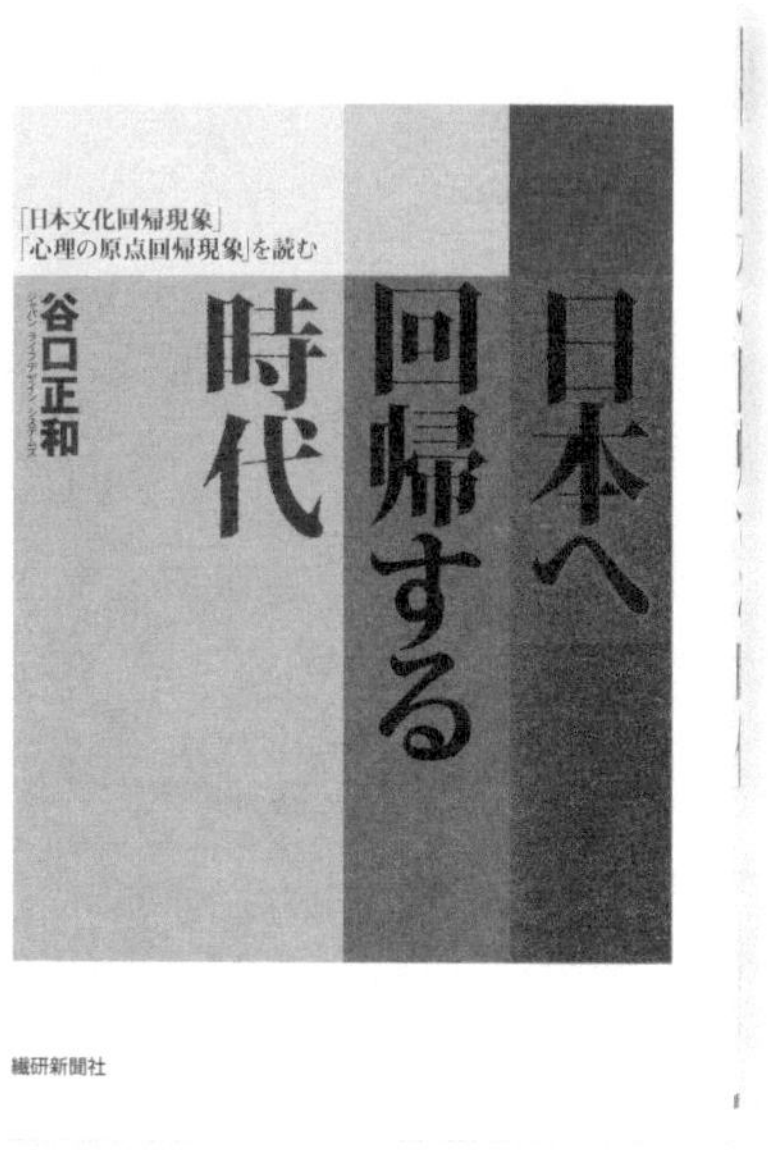
日本へ回帰する時代
「日本文化回帰現象」
「心理の原点回帰現象」を読む
谷口正和
ジャパン・ライフデザイン・システムズ
織研新聞社

目次

世界との交流が始まってから長い年月が経過し、表層の文明から深層の文化へ、一般の文化から固有の文化へ、他の何者でもない日本文化のアイデンティティー再発見へといった潮流が生まれている。しかし、日本への回帰といっても、決して鎖国していた頃と同じところに戻るということではない。世界化、地球化した目線を手に入れた後の日本回帰の場へ戻るのである。

文化が深まり、価値観が成熟すれば、見つめ直すべきは常に「自己」となる。パーソナル・アイデンティティー（自己存在確認）こそが市場形成の大きな潮流となり、趣味や学習、研究、仲間とのサークル活動も、全ては「私はここにいる」というサイン行動なのである。このパーソナル・アイデンティティー行為の中でも、最も強く作用するであろうものが「日本回帰」行動である。

当書では、日本回帰行動における三本の柱として「自然」「歴史」「仲間」を挙げている。日本の自然美の再発見、日本の歴史知の再発見、そして同じ趣味やテーマをもつ仲間との活動、こうした要素が市場のあらゆる分野で起こってくることを強調している。

現在、市場においても商品そのものの特徴だけでなく、商品が持

つ背景やストーリーが重要になっている。そのストーリーテリングの中軸をなす価値観が「日本回帰」にある。人々は真理の奥深くに眠っていた日本文化のＤＮＡを呼び覚まし、マインドで共感し、支持するのである。

今や海外への渡航者が２０００万人ほどになっているが、海外へ行けば行くほど、日本文化に目覚めていく。異文化に触れるほど、自己文化に気づいていくのだ。だからこそ「地球の時代」とは、逆説的に民族文化の時代と言える。日本だけでなく、世界中が自己の文化に目覚めるのが21世紀である。21世紀は民族文化自立の時代であり、交流の時代であり、相互学習の時代ということである。

人々は地球という全体系に気づき、生命系に気づき、自分たちも網の目の一つに過ぎないことに気づく。全ては網の目のようにつながっていて、網のどの部分がほころびても影響が全体に及ぶという「ネットワーク」に気づくのである。その結果、自己文化へと回帰しているのだと、ここではまとめている。

未来に対する〝グローバル・イマジネーション〟を
世界目線構想力

2008年　ライフデザインブックス

タイトルである「世界目線構想力」とは何か、それは世界を体験した人々の目線、洗練した目線によって生まれるものであり、「未来構想力」とも言い換えることができる。世界全体で、未来社会をどのように睨み、どのような視点から想像し、創造するか。それはイマジネーションとクリエーションをリンクさせたものであり、当書ではグローバル・イマジネーションをコンセプトに論点の整理を行っている。つまり、世界視座から見ない限り、社会も市場も見えない。世界市場、世界顧客の時代を迎えているというのが当書で強く指摘している認識である。未来に向けて地球社会をどのように経営するかという、新しいフレームワークにおけるパラダイムシフトが起こっている。その主体者は、たった一人の私であり、たった一人のあなたであることを決して忘れてはならない。

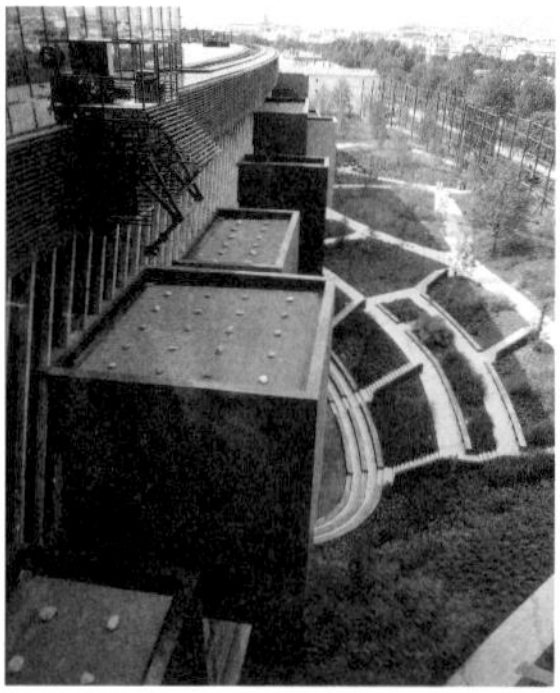

目線構想力
「世界目線」、「個人目線」、「メディア目線」による「三位一体」戦略図

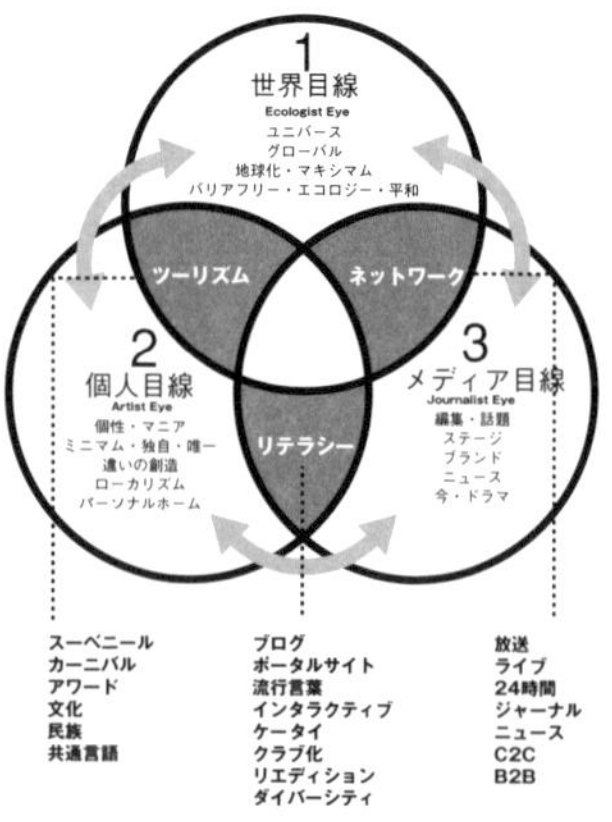

ホール・インテリジェンスへ

今、我々が生きている現実世界の全体像は「地球」である。だからこそ、問われているのがホール・インテリジェンス、地球全体を見渡してから判断する「地球知性」である。全体としての地球益と、部分としての国家益、地域益、企業益、あるいは個人益との間を行ったり来たりしながら、全体のバランスをどう見るかが最も重要な時代となった。どちらかに加担しすぎてもダメだということである。

我々は、グローバル・エクスペリエンス（全地球体験）によって培われたホール・インテリジェンス（全体知性・感性）によって、物事を判断しなくてはならない。情報や出来事は、部分的に起きているのではない。それは地球上を駆け巡るあらゆる情報と連鎖して起きているのである。まず全体を把握し、その接点を発見し、「ホール・インテリジェンス」をもって判断・行動する時代を迎えている。

20世紀はその最後に至って、「物から情報への転換」を遂げた。情報はメディアという概念を引き連れ、次々に話題、ニュースを提供し、我々はその変化を取り入れながら自己興味というものを構築し、好奇心によって行動を変えた。リアル・ツーリズムとバーチャル・ツーリズム、それらを組み合わせた新しい情報の編集型受信、興味的好奇心を高めるための研究型受信、もしくは文化型受信によって、一人ひとりが自己を変革し世界を見る目を変えているのである。

我々は興味というものを多彩に組み合わせて世界というものを見つめるようになり、共通を超えて差異というものに対して注目するようになる。例えば、旅先での「磨かれた差異文化との出会い」、それを物理的あるいは心理的スーベニールとして持ち帰り、そして今、私の町にたたずんでいるのである。それはつまり、「顧客は体験学習者としてのグローバリストになった」ということを意味している。世界の文化差異をネットワークし、それらを総合的に学習し、その総合学習の結果として目が肥え、耳が肥え、体感温度が高まり、感受性として、センスとしてジャッジする能力を引き連れて世界か

目次

ら帰って来ているのである。

すでに社会化されている認識と、非常に小さいけれど個人化された認識の統合によって、結果として出てきたもの、それが「グローバル・イマジネーション」である。新しい地球社会そのものを未来への大きな軸足として据え、そこからもう一回世界をリセットする必要があるのではないか。このことがグローバル・イマジネーション、すなわち「世界目線構想力」である。

世界を見て帰ってきたからこそ、これまで周辺にあったものも価値あるものとして新たに認識されていく。藍染めも、西陣織も、目の前の寿司も、世界視点価値観によって再編されていくのである。日本人の日本返り、バック・トゥ・ジャパニーズ、バック・トゥ・カルチャー、バック・トゥ・オリジン、それらの論点をないまぜにしながら「世界から見た日本」という価値観を作り上げる。世界価値と日本価値、その両方を行ったり来たりすることが必要なのである。

どこまでも顧客から発想する
ライフスタイルコンセプト

2008年　繊研新聞社

市場の価値は顧客が決める。そのためには、全てを顧客起点で発想する必要がある。このことは、これまでもお客様第一主義やカスタマーオリエンテッドなどと呼ばれてきたが、本当にそのことを理解し実践している企業は、実のところ多くはない。しかし、企業の永続的な成功は、顧客の要請を聞き、分析し、それを具体的施策に変えていく、この一点にしかないのである。

顧客は、生活とは時間の過ごし方ということに気づいた。つまり「ライフスタイル」に目覚めたのである。顧客が選択しているのはライフスタイルであり、直接的な物ではない。物は素敵なライフスタイルを演出するためのツールとして、その中に包含されている。だからこそ、これからの市場はライフスタイルを理解しなければ、物もサービスも売ることができないのである。

改めて問う、ライフスタイルとは何か

例えば、「家は貧しいが、せめて洋服だけは」という一点豪華主義のように、我々はこれまでモノ的価値の充足を部分的に手に入れてきた。しかし、ライフスタイルとは全体をコーディネートし、素敵な空間と時間、そして幸福感に満ちた自分らしい生活スタイルを手に入れること。家は家、服は服、といったモノの分断を超えて、全体像を受け取るセンス＝全体感受性が求められているということである。ライフスタイルとは、モノ充足型の延長上にあるものではなく、全体のセンスに「価値あり」という認識によって動くマーケットなのである。ここで問われているのは、商品一つひとつの質の良さではなく、全体に対する判断能力であり、トータルとしてのセンスであることを理解しておく必要がある。

市場の次なる価値目線
ライフスタイルコンセプト
LIFESTYLE CONCEPT
谷口正和
ジャパンライフデザインシステムズ
繊研新聞社

目次

もう全ては足元にある

ブルーバード マネジメント

2009年 ライフデザインブックス

経営資源も、経営ビジョンも、市場も、人材も、顧客も、希望も、夢も、すべて私たちの足元に十二分にあるというのが当書の核である。本来は、自らの中に全く生かされていない、使われていない資源が多々あることに気づかねばならない。しかし実際は、その山のふもとに佇んでいることすら、我々は気がつかなかったということなのである。

経営の目線を足元に置いた時に、私たちは再び世界へと飛翔できる。この世界的な混迷の時代に、今私たちが持つべき真の経営視点「青い鳥の経営戦略」とは何か。経営戦略がブルーバード・エネルギーとアイデアに転換された時、この視点が時代の構造的逆転とつながっていることに気づくだろう。拡大から足元へ、当書は今、戻るべき経営視点の本質を明らかにするものである。

1 WE HAVE STOCKS ENOUGH

全体の中に茫洋とブルーバード財はある。

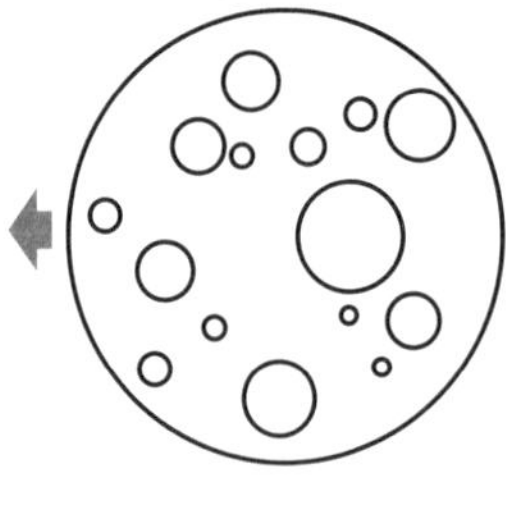

2 BOX THEM IN GOOD ORDER

それらブルーバード財をきちんと整理する。

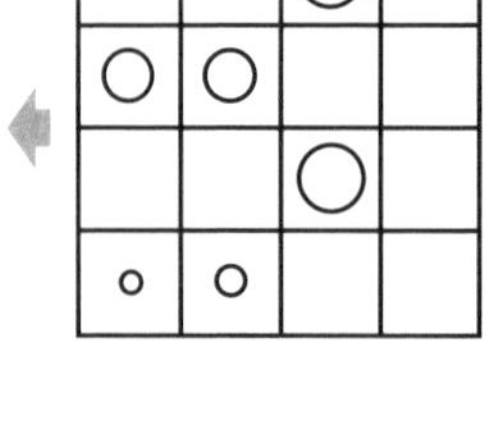

3 THEME & PRIORITY

ブルーバード財にテーマを掲げ、優先順位をつける。

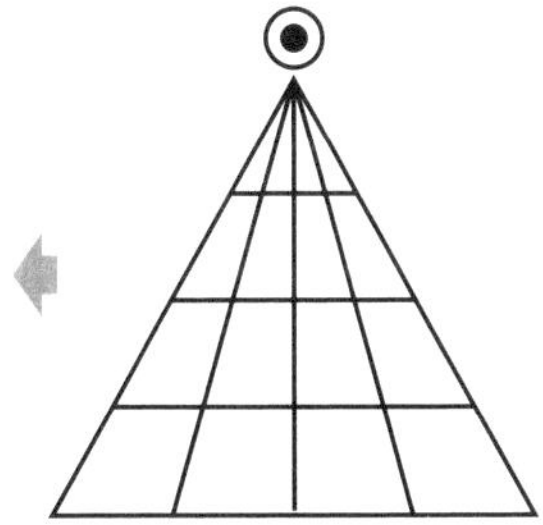

4 FORCUS TO MARKET & TARGET

ブルーバード財に方向を与え、
マーケットとターゲットに向けて放つ。

戦後全てを失った私たちは、何もないところから物をつくることに没頭し、そこに豊かさを求めてきた。「ない」ものを発見し、そのための商品開発こそが市場創造であり、経済成長のカギとなっていた。そうしたことを経て、物が十分に満たされた時代を迎えた中、当書で指摘しているは「もう既にある」という認識をもち、それをいかに活用するかという「所有から使用」への価値転換である。使い切れない物や貯蓄を自分一人で抱え込むのではなく、社会に役立つように活用していくという反転のマネジメントが求められている。そしてこれは物だけでなく、「自らを生かす」という認識にもつながる。これまで自分自身が積み上げてきた知識や体験を新しいエネルギーやアイデアに転換する。そうした認識によって、我々は足元に眠る「幸福の青い鳥」を再発見することができるのである。

何かが「ない」ということは、その逆が「ある」ということ。都市開発や地域活性の流れの中で疲弊する地方都市、地方商店街、シャッター通り、誰も出店してくれない田舎のモール、過疎化した村、こうしたネガティブな話ばかりが相次いでいる。しかし、重要なのは「ない」ものばかりに目を向けるのではなく、すでに「ある」

目次

ものは何かを考えることである。例えば、人が減るということは、人がいなくなるということが増えたということ。静寂が増え、自然が増えている。それを復元し、活性させてチャンスに変えるということだ。

これからのブルーバード・マネジメントの中で重要なことは、自らが主体になり、足元に気づき、自立し、自発し、自己解決し、自己責任を自己チャンスに変え、自己創造の要の中で、自らがエンジンの中軸に立ち、そして最も小さな単位で新たな目線、点を想像し、点が線になるように顧客とつながり、小さくてもいいから一つの面を形成するように成長することだ。そのようなシナリオの原因、結果は我にありということである。

アイデアの出し方

当書では、著者が実際に行っているアイデアの出し方についても説明している。具体的には、ハガキサイズの白い紙を用意し、そこに気づいたことを書いていくという方法。例えば、新聞を読んでいて気になることがあれば、紙にタイトルとコメントを記入し、時にはイラストを描くこともある。これが意味しているのは、自分の中にあるのは「アイデア」ではなく、「あ、そうだ」と気づくことがあるということだ。アイデアは「もう既に世の中にある」、それをヒントとして気づき、メモし、自らのアイデアソースとして蓄積することで、様々なところで活用することができる。これもまた「ブルーバード・マネジメント」の活用法であり、この発想法があればビジネスチャンスは一層広がっていくだろう。

歴史への回帰から始まる京都ブランド戦略

京の着眼力

2009年　ライフデザインブックス

「京都のブランド戦略」という永遠の命題に対し、京都が育んだ多彩な人材をネットワーク化して誕生したのが「京都ブランド研究会DIK」である。京都が生んだ大企業から、匠の技に代表される職人、後世の京都を担う若手作家。ポジションに違いはありながらも、多面的で多彩なメンバー構成を得ながら対話し、「京都の特徴あるデザインとは何か」という課題に対して違いの共通項を見出し、継続的に問いかけ研究してきたのが、この研究会の発足時からの流れである。

これからの千年を、過去の反転軸の中に見出していく。ヒントは京都の日常にある。当書では、千年の知恵を内包した暮らしの中の小さなアイデアを掲載することで、「京都ブランドとは何か」という課題の本質に迫っている。

今こそ〝受注生産〟の構造を

京都という街や京友禅、京焼など生活文化を創ったものは全て〝注文〟であった。つまり、同研究会が考えた重要な認識が、受注生産性を取り戻すということである。かつては、幾度となく職人たちへの発注が繰り返され、その注文に応えるべく職人たちは腕を磨いてきた。しかし、いつしか作家は自己表現のためにものをつくり、匠の技を持つ職人がアーティストになり、誰も頼んでいないものを生産して値段をつける。これが伝統産業の衰退の流れを生んでいる。伝統産業を担うものが唯一先行していいものは、サンプル提示やサロン機能などの小さいプレゼンテーションであり、注文を誘発する仕組みづくりが重要となる。

Mind of admiring small things.
We found the essence of the Kyoto brand from the 1000 year history of Kyoto.
The heart stands for wisdom and the custom in the daily life of Kyoto.
This report is a presentation of Kyoto research.
京の着眼力
小さきを愛でるこころ
谷口正和 監修
京都ブランド研究会 DIK 編集
Life Design Books

目次

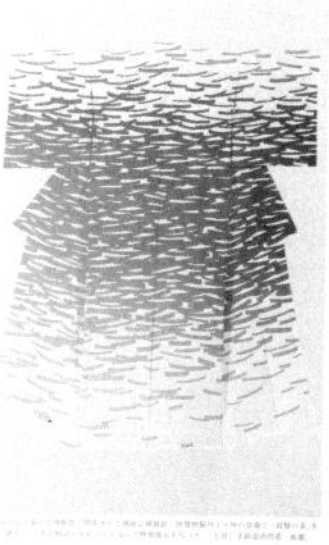

多様性を開花させる特徴化戦略
アート&シティ

2009年　ライフデザインブックス

現在、日本をはじめとした先進国の多くの人が都市部に住んでいる。集合集積に対する拠点を都市と見抜いた時、そこに集まり自分の可能性、自分のビジネスチャンス、生き方のチャンス、新しい表現のチャンスを模索する。ここで重要なのは、20世紀の大都市議論ではなく、ホームグラウンドコミュニティと呼べるような小都市がコアとなる領域設定によって、新しい「シティ」という概念を持つことである。

当書では、その都市経営における特徴化戦略が「アート」であると指摘する。あえていうなら差別化戦略であり、歴史、自然を踏まえた文化戦略である。世界は新たな選ばれるクラスの理由を要求している。そのことを大事にしていこうという認識の頂点にあるもの、それを当書では〝アーティスティック〟と見ているのである。

ダイバーシティとアート

当書で「アート」を先にしているのは、「シティ」はベーシックなとらえ方とみる必要があるのに対し、「アート」は先端的概念だからである。アートは、ダイバーシティ・カルチャーの代表である。磨かれた固有性と独自性、特徴と個性、それらが表現として表出してきたもの、それがアートと言える。社会と文化のダイバーシティが進行すればするほど、アートもまた多様化し、逆説的に世界をモザイク模様でつなぎ合わせていくことになる。ダイバーシティ・アースの進行、つまり地球は一方でひとつを目指し、一方で多様化を目指すのである。

目次

1　アートの時代
——美意識が世界を覆う時
◎なぜ今アートなのか
◎ライフデザインがクリエイティブになる時
◎オーダー&オートクチュール
◎アートは登竜門から
◎ライフ・イズ・アート
◎都市文化がアートの生産拠点
◎都市のアートを回遊する人々

2　都市文化の世紀
◎スターメイカー都市
◎シティシェアリング
◎シティ・コンセプト・イズ・アート
◎デザインが作り出す新しい場
◎ネイチャーシティ&ネイチャーアート
◎都市は感性ステージ
◎アート、遊びの生産物

3　アート&シティ
——アートが都市のコア・コンセプトになる時
◎アートはコンセプト&プロデュース
◎京都と江戸
◎都市と自然
◎オリジン・イズ・イノベーション
◎ファーマーズ・シティコンセプト
◎祭のデザイン力
◎景観都市　ほか

自らが顧客へと回帰する3人の旅人たち

2010年　ライフデザインブックス

物不足を解消するために、たくさんの商品を製造し消費していった工業社会が終わりを告げた今、企業はこれまでの提供者の論理による商品やサービスから脱却し、「顧客へ回帰する」ことが求められている。お客様に成り代わり、お客様の視点に立つ。そのようにして企業が顧客となれば、市場を創造するのも企業ではなく顧客となる。これまでのような業界内での一般的な顧客像や、提供者が都合のいいように考えた仮説ではなく、全ては「最初に顧客ありき」という認識を持って顧客の声を聞き、課題を拾い上げる。つまりは、顧客の声によって出てきた要望を顧客に戻していく循環のシナリオが求められているということだ。自分たちが何かをやって顧客に向けて出すという提供者体質を捨て去り、顧客と一体になるという認識が重要。あらゆる企業にその仕組みづくりが求められている。

ホームグラウンド・カスタマー

○ホームクリエイター
○レッスンプログラム
○自己回帰
○自主・自立
○自由・自在

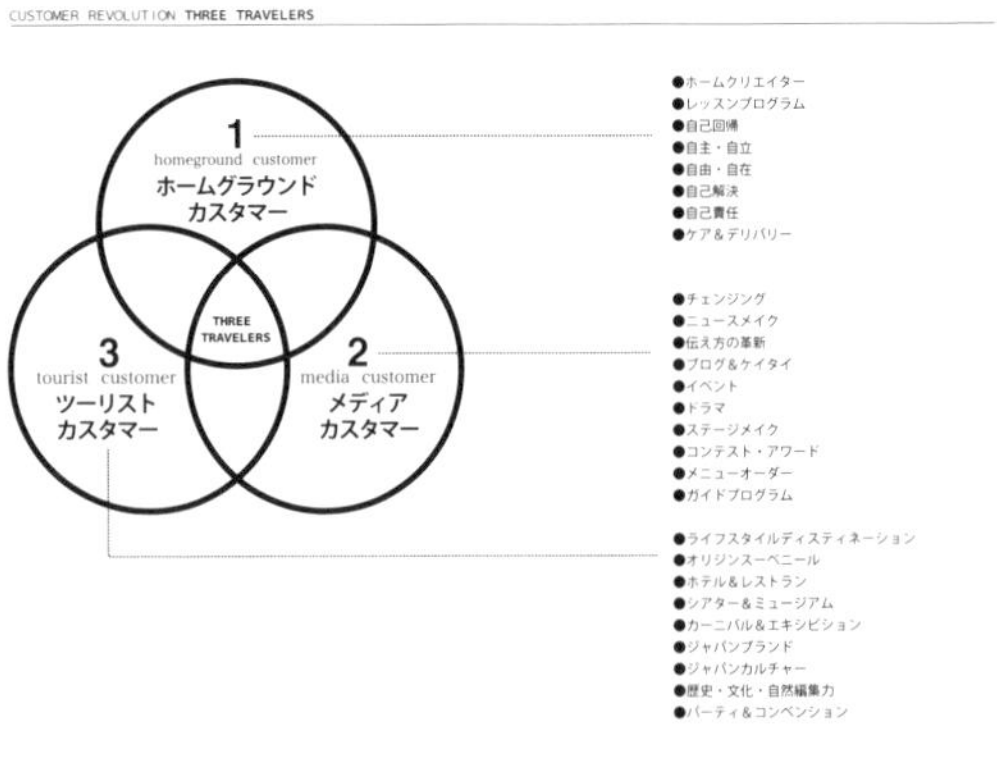

○自己解決
○自己責任
○ケア&デリバリー

メディア・カスタマー

○チェンジング
○ニュースメイク
○伝え方の革新
○ブログ&ケイタイ
○イベント
○ドラマ
○ステージメイク
○コンテスト・アワード
○メニューオーダー
○ガイドプログラム

ツーリスト・カスタマー

○ライフスタイルディスティネーション
○オリジンスーベニール
○ホテル&レストラン
○シアター&ミュージアム
○カーニバル&エキシビション
○ジャパンブランド
○ジャパンカルチャー
○歴史・文化・自然編集力
○パーティ&コンベンション

企業と顧客とは決して分け隔てられた関係性ではない。むしろそれらを区分けせず、顧客が企業の内側にいるという考えが求められる。必要なのは「自分自身が顧客になった時に何を要望するか」という認識。つまり、最後にエンドユーザーがいるのではなく、ファーストユーザーがいて、その結果としてエンドユーザーの満足度を高めることができるのである。

そのファーストユーザーたる顧客こそが「3人の旅人たち」である。当書では、その当時の潮流として現れている顧客の特徴を「3人の旅人」とし、次のように分析・解説している。

①ホームグラウンド・カスタマー

世界中のあらゆるところに出かけ、様々な発見や体験をしてきた顧客が、自らのホームグラウンドに戻ってきている。それぞれが体験を通して得た学習効果を〝地元〟でどのように活用していくか。ここでは、家がソリューションの場となる「おうちコンセプト」や、外からの目線で地域を見つめ直す「ふるさと再発見」などの理解を促している。

コミュニケーションの3要素「絵札」「字札」「語り札」

当書の中で、コミュニケーションを構成する要素としてあげているのが「絵札」「字札」「語り札」の3つである。「絵札」はビジュアル要素で、「字札」はその絵札をフォローする文字や言葉によるコミュニケーション。そして「語り札」は誰が語るかで、同じ情報でも誰が言ったか、誰が褒めたか、誰が勧めたかによって商品やサービスの価値は変わってくる。つまり、最も情報の価値を左右するのは「人」ということを意識した上で顧客との対話、コミュニケーションが重要ということを指摘している。

②メディア・カスタマー

メディアを通じて情報ネットワークの世界を旅する顧客が生まれている。注目に値するニュースや変化に人々は引き寄せられ、そこに集まった人たちが新たな顧客となる。

③ツーリスト・カスタマー

世界中から日本へ訪れる旅行者が顧客となる。素敵だ、見てみたい、そうした思いが軸となり移動していく〝興味の旅人〟が顧客となる。

当書で一貫して伝えているのが、「もっと顧客を知ろう」ということであり、パラダイムシフトの流れの中で現れた「3人の旅人たち」に焦点を合わせ、21世紀の新しい顧客像について明らかにしようとしているのである。

目次

感性が市場を覆う時

全員がクリエイターになる日

2010年　繊研新聞社

これまでは、クリエイターやデザイナーといわれる人は生活の向こう岸におり、こちら岸にいる消費者が彼らに提供された物を単に消費するだけという、それぞれが明確に切り分けられていた。しかし、それがいつしか重なり合い、消費者が自分でクリエイトする時代になってきた。作る人と使う人がイコールになってきたのである。

当書では、現在の最も重要な市場理解として「感性」の段階に入ったと指摘している。クリエイターの軸にあるものは感性。そこからオリジナリティが生まれ、クリエイティビティが生まれ、オンリーワンが生まれる。これからは「全員がクリエイターになる日」が到来したことを前提に、いかに感性の時代を理解し、感性を通じたコミュニケーション、クリエイションを顧客と対話していくかが問われているのである。

どのメディアで伝えるかが重要に

マクルーハンの「メディア・イズ・メッセージ」という言葉の通り、メディアはそれ自身がメッセージである。どこでその演劇は上演されるのか、そのフリーマーケットはどのストリートで開かれるのか。そのメディアであなたが伝えるなら、あなたが伝えるというところ自体であなたが価値づけられてしまうということである。単にいいこと、正しいことを言っていればいいというものではない。中身が素敵なことは当たり前であるが、それをどのように伝えたかという「伝え方の革新」の中に、伝わっていくコンテンツの半分以上の意味があるということである。

目次

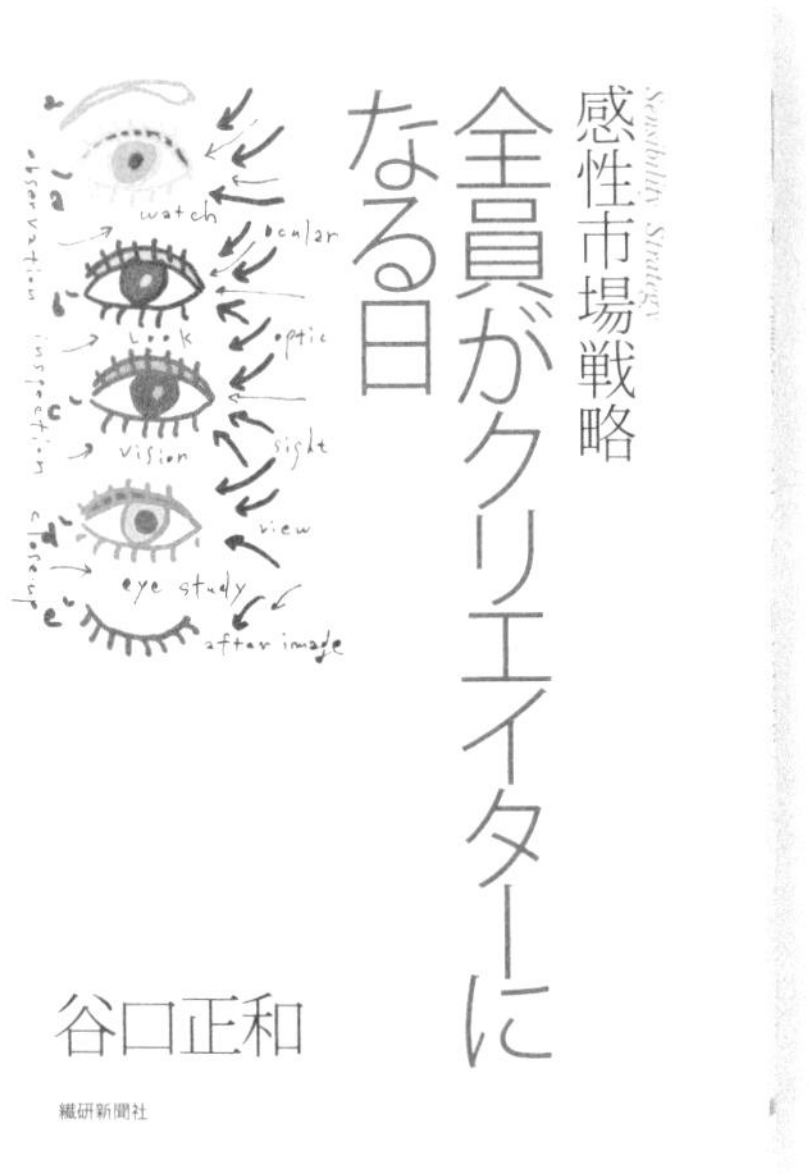
感性市場戦略
Sensibility Strategy
全員がクリエイターになる日
谷口正和
繊研新聞社
watch
ocular
look
optic
vision
sight
view
eye study
after image

引き算の発想により本質をあぶり出す

マイナスのデザイン

2011年　ライフデザインブックス

日本デザイン機構の編著による当書は、同機構に所属するメンバーがそれぞれの立場から「マイナスのデザイン」について論じたものである。「マイナスのデザイン」は大きく2つの意味を持つ。一つは、稚拙なイラストの入った道路標識など、マイナス効果しか生まないデザイン、つまりイメージを損なうデザインのこと。もう一つは、自然や街並みの中から余計なデザインを〝取り除く〟という意味での「マイナスのデザイン」、いわば「引き算のデザイン」である。そして当書がテーマとする主たる対象が〝公共の領域〟である。この領域には様々な「マイナスのデザイン」が存在しており、当書では改めて〝公共〟の意味を問いながら、景観、環境、経済、歴史、文化などの切り口で、公共の場におけるデザインのあり方と問題解決のためのシナリオを様々な事例を通じて提案している。

増え過ぎたことで生まれた逆転の発想

マイナスのデザインの一つは、「引き算する／無くす／止める」といった、何かをマイナスする行為によるデザインを意味している。昔はプラスが求められていた時代であり、豊かになるまでは、それはそれでよかった。しかし、その結果として作り過ぎ、加え過ぎのデザインとなり、あらゆるものが過剰となっていった。そこから、少しカットする、無くしてみるという、マイナスの発想が求められるようになってきたのである。

20世紀は加算のデザイン、21世紀はマイナスのデザインという総括の裏には、時代の変化とそれに伴う価値観の変化がある。

目次

第1章［美学］公共のデザインの美を問う　田中一雄
「美しい」都市とは何か／公共性とは何か／心に公共性を

第2章［文化］関係性の価値と社会デザイン　佐々木歳郎
社会の気分と時代価値／閉塞する日本社会と時代価値の転換／関係性の時代／社会へのまなざしを取り戻す

第3章［建築］都市景観の未来
～景観デザインが繁栄を決める　車戸城二
都市間競争／東京の景観を作るもの／都市景観のデザイン～まずできることを探す

第4章［心身］『kosmosの音楽』を奏でる都市へ向けて
大野純平
Kosmos のかくれた次元ー／Kosmosの音楽が奏でるハーモニー／都市の共通言語を求めて

第5章［交通］無駄のない道が安全快適を生む　森口将之
日本の標識は安全か／公共交通も景観である／理想の交通景観を考える

第6章［観光］ビジット・デザイニング発想　谷口正和
訪問に値する価値の創造／全地球を訪問する時代

第7章［緑］都市における緑のあり方　小林治人
都市の緑／植栽計画

第8章［色彩］響きあう景色　高山美幸
色ごころ／感じる色・うつろう色／景色を育む

エピローグ　パブリック・デザイン・マネジメント
伊坂正人

ツーリストマーケティングの時代
ビジットデザイニング

2011年　ライフデザインブックス

世界は観光を軸足にして強く交流を求める時代に入ってきた。その中で大きく問われているキーワードが「ビジット・デザイニング」である。「私の聖地」を訪れたいという願いは、人々の強い移動エンジンを形成する。ではそこへはいつ行けばいいか。どうしてもそこへ行きたい願望を引っ張る「訪問に値する価値」とは何なのか。ビジットとは、繰り返し、そこをわざわざ訪問したいという願望の表現である。ちょっと暇だから行ってみようということを超えて、よりインパクトのある移動の流れを形成する。

ビジット・デザイニングは、単なるディスティネーションを超えて、新しい移動の意味と価値を作り出す戦略である。我々はこの全体像をプログラムし、デザインし、新しい時の過ごし方として再提示する必要がある。

5Wの発想

○WHEN……ビジットデザイニングの最大の眼目は「時」。人々が興味を持つあらゆる現象は「時」のピークの上に集合する。「時」にすべての標準を合わせ、その時、その時点の旬の情報を一気に開花させよう。

○WHO……お客は誰か、なぜ来てくれたのか。「誰」が見えていなければ、どのようにアクションを起こしていいかも分からない。かつての物理的ターゲット論を超えて、心理の顧客像に焦点を結ぼう。

○WHAT……好みと興味の矢印を尖らせよう。類似と標準を脱却しよう。個性的であるということは、何よりも情報突破の武器になる。他に見たことのない個性を打ち出し、人々を吸引しよう。

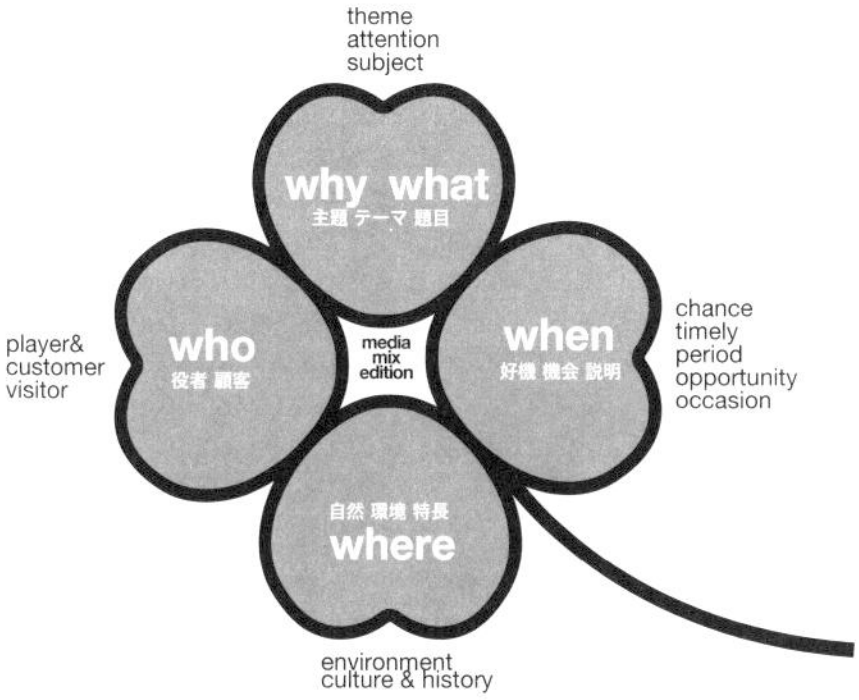

○WHERE……場は動かない。しかし深さも高さもある。歴史、自然、人、それらを丹念に掘り起こせば、そこから青い鳥が飛んでくる。足元の場に宝が潜んでいる。まず「場」の発掘から始まる。

○WHY……ミッション、ビジョン、そしてパッション。あらゆるアクションに問われるのは「使命」と「未来展望」である。ホワイ？の答えがあって、初めてビジット・デザイニングが始まる。

訪問に値する価値の創造というのは、情報における価値の仕分けということである。もう既に訪問に値する価値は眠っている。そのことを発見し、それを顕在化させ、再提示することが、ますますもって重要となる。それの最も明らかな姿の一つは、その土地に眠っている自然の財である。我々はそれにどのような編集的な再発見のタイトルを付け、シナリオ化するかということが問われている。

重要なことは、価値を創造していくことであり、どこまでも優れたエディションであるということ。もう既にある財を整理し、それを魅力のある特集により区分けし、テーマにより仕分けるということである。訪問に値する価値というのは「他にない」ということ。他にないほど蓄積されている、もしくは他にないほど公開され、ガイドされ、魅力的な形態を持っている。例えば、棚田がある。これは人工的な自然とのかかわりだが、棚田というのは外から目線による情報整理学の中でいえば、ライフスタイルにおける生活文化そのものである。しかしそのことは、誰かがそう思い、そういうものであると発見し、そのように提示しない限りそれはただの農業の風景であり、農業の行動モデルそのもの。つまり、足場になっている人

ビジット・デザイニングは顧客創造

お客がいるから何かをやるのではない。お客は何かが起こることによって湧き出てくるということであり、そのことが注目、話題、魅力を形成すればするほど、そこに顧客の新しい存在を創造することができる。クリエイティブ・マーケティングとはそのことなのである。ビジット・デザイニングとは、創造し、顧客を作り出すことである。例えば、誰かの聖地ということで、どこかのお墓にスポットが当たることもあれば、それが訪問に値する時というものにつながれば、墓参りは聖者の行進に変わるのである。

目次

には、その問いかけはないのである。
そういうものをきちんと指摘し、そのことの魅力と重要性、もしくはそのことにおける圧倒的な希少性、独自性というものを指摘し、そのことを興味深く伝え、そして回数、学習に値するように情報がドラマ化されることになれば、そこはやはり聖地訪問になる。その聖地は、もう既に存在するものに対するシナリオ的発見であり、そのことが極めて重要なのである。

クラブ活動／領域の絞り込み／多様化社会がビジット・デザイニング社会／ヒストリー・ビジット／好奇心へのビジット／「思い」の突破力／宇宙への旅／「思い」のツーリズム／ナショナリズムも「思い」

WHAT 「個性の帽子」を際立たせる。

ナマの時起こし／「頭角」の重要性／リミッテッド集客力／ビジット・デザイニングは顧客創造／ドゥー・スパイラル／マーケティング&イノベーション／時と注目／情報はシグナル／時と移動／興味軸への呼応／球体思想ビジット／構想力としてのビジット・デザイニング／舞台都市デザイン／動画が世界を動かす／インスパイア・ジャパン〜刺激する日本／北南古新

WHERE 場を掘り起こせ。

体験帰国市場／都市構想力の時代／パリの集客力／「東」への旅／江戸遊び／移動劇場／そうだ 田舎、行こう／地域開催方式／〈人気が価値〉伝達／タイム・パラダイム／現場観光／チャーター・ストラテジー／昭和クラブマーケティング／コミュニティ・アイデンティティ／ウェルカム・スピリッツ／NEのつながり／プロセス公開劇／シティ・エディション

WHY 何故の「哲学」を問う。

きずなリユニオン／スピリチュアル・モール／野宿で小さな旅／情報観光戦略／同窓会訪問／スクール・プログラム／プライズ・ショー／芸術界隈／おでかけツーリズム／ランドマーキング・ツアー／風景時間／「地球は可愛い」訪問／「縁起」訪問／ミュゼ・ツーリズム／ニュース・タイフーン／フィールド・スクーリング／アイランド・オリジン　ほか

優れた知恵は社会と変化の中にある

つむぎだす未来

2011年　ライフデザインブックス

著者が最も強く主張していることが「知恵は自分の中にはない」ということである。優れた知恵というのは、時代の中にあり、社会の中にあり、市場構造における生活者の変化の中にある。だからこそ、それらに対してピュアな受信能力を発揮することで、よく磨かれた鏡にものが映るように時代が映し出されていく。もともと持っている才能や読書から得た知識などは、所詮たかが知れている。あらゆる知恵や価値観は、もう既に時代の中にあるのである。

問題は我々が素直に受信できるかどうか。時代や社会の中にある新しい知恵を受け続け、「世の中はそう言っていますよ」と言えばいいだけである。もし素直に受信することができ、少しでも核心に近づく方法論を編み出すことができれば、その者は永遠の知恵者となる。知恵は枯渇しないのである。

情報受信のための「未来気づき編集会議」

誰もが素直に情報を受信できる仕組みとして著者が考案したのが『ネクシンク』（現在は『イマジナス』に名称を変更）である。これは、週単位で情報を集め、未来を予測しようという会議、まさに「未来受信装置」である。『ネクシンク』では、会議に参加する人がそれぞれ気になったニュースを拾い上げ、発表する。情報を細かく分析し、つなぎ合わせて、何が見えるのか、どんなことが言えるのかを考えていく。

過去は物理学的な現象に近いもので形成されているが、未来は心理学の力、すなわちまだ見えていないものを見る「気づき」によって予測される。これまで一般的だった未来予測は顕在化したものに軸足を置き、過去における平均値を使って行われてきた。しかし、気づきは主観的な方に軸足が置かれ、未来は個人が主観的に気づくことによって起こる連鎖であり、客観的

事象はその先にある。

まだ確定していない事実を変化のなかで教えてくれるのは〝スモールニュース〟である。そして、小さなヒントと小さなヒントがつながり、さらに一つの面となって価値観を持ってくるのである。

目次

自己解決の支援を産業化する
自立へのシナリオ

２０１１年　ライフデザインブックス

２０１１年3月11日に発生した東日本大震災によって、我々の価値観は大きく反転した。私たちは日々の暮らしの中で、「自分たちの生命と幸福をどう守っていけばいいのか」という自己防衛を強く意識するようになった。セルフディフェンスにおいて大切なことは「サバイバル」である。本当に生き延びるためには、自らが主人公となり、自らの責任において、危険を回避しなければならない。

21世紀のキーワードは「サスティナビリティ」。生き続け、次の世代につないでいくことである。「サバイバル（ＳＵＲＶＩＶＡＬ）」と「サスティナビリティ（ＳＵＳＴＡＩＮＡＢＩＬＩＴＹ）」は完全につながり、一つのコンセプトとなった。そのことを当書では、「ＳＵＲＳＵＳ（サーサス）」と命名し、生き延び、生き続けていくためのコンセプトとして提示している。

自らの解決能力を磨く

サバイバル&サスティナビリティにおける第一段階は、基本的課題を解決する能力を誰しもが等しく有することであり、そうした能力にそれぞれの個性、特徴をプラスして生きていけばよい。大切なのは、解決能力を高めることと特徴の組み合わせである。

一人ひとりが自らの解決能力を磨きながら、それぞれの得意分野として様々な変化に対応できる「対応型ソリューション」。限定された専門領域に対する「テーマプロフェッショナルソリューション」。あるいは日々の中で自由自在に発揮できる「知恵のある生活者型ソリューション」を寄せ合うことが理想である。

「個人」と「共同」と「プロ」の関係

共同解決とは、何かを一緒に、平等的に解決することではない。「一緒にやる」という解決の内側に、それぞれが固有性を持っていなければならない。「一人で解決する力が弱ければ、チームを組んだらどうだろう」といった具合に、チームを組むことによって、全体解決のインパクトを上げながら、逆に個別解決も浮かび上がってくる。つまり、一人ひとりの個性がありながら、全体個性があることに気づかせる。その全体像はよりプロフェッショナルに向かっている。それゆえ、「個人」と「共同」と「プロ」という解決方法は、区別されたものではなく、重なり合った未来なのである。

何か問題に直面した時、解決方法は大きく3つある。1つはプロや誰かの力を借りる「他者解決」。もう1つは、誰かと協力し合う「共同解決」。最後は自分自身で行う「自己解決」である。これまでの社会構造からすれば、多くの収入を得て生活にゆとりのある者は、自分で解決するのではなく、お金を払って他者にやってもらう「他者解決」を買うことができた。もっと分かりやすく言えば「プロ解決」を買ったということである。初期のプロ解決とは代行ビジネスであり、時間と一緒に作業そのものを買った。平穏な日々を送れている時は「プロ解決」に任せてもいいが、現在のような不安定な社会状況下では「自己解決」の比率を高める必要がある。できるだけ、自分のことは自分で解決するべきということである。

「誰かが解決してくれるだろう」という心持ちでは状況は悪くなるばかり。まず、自分の足で立つべき場所に立つことが大切なのである。独立した者同士によってしか、未来は築くことができない。一人ひとりが依存から脱却し、自立して課題に立ち向かうことが大切なのだ。他者に依存しない、依存させない。ここがスタート地点なのである。

目次

改めて問う。「自立とは何か」。それは自分で課題を解決できる比率をあらゆるジャンルにおいて高めることである。その自己解決の精度を高めると、プロフェッショナリティが生まれてくる。

自分のことを120%、自分の力でできるようにする。そして余剰部分の20%を誰かのために使う、つまり他者貢献にあてるというのはどうだろう。自らの生涯において、ゆとりをもち、他者を助けられるように生きていこうという覚悟こそが、私たち一人ひとりに与えられたミッションである。そのことに多くの人々が気づくようになった時、日本は貢献の国、助け合いの国となることができるだろう。

自立する都市を求めて
渋谷の構想力

2012年　ライフデザインブックス

20世紀、都市はスケールの大きさや機能として、どんなに優れた建物があるかといったことなどを中心に語られ、価値付けられてきた。しかし、すでにそうした時代は終わりを告げている。今、世界で注目されているのは「小型で特徴のある街」。どんなに便の悪いところであっても、そこにしかない一点突破の特徴があれば、国内はおろか世界中が注目し、それを体験しに顧客がやって来る時代になっているのである。街は、今までにストックされてきた財に気づき、人間を一主人公とした「時」と「場」をいかに創ることが出来るかが問われている。当書では、様々な流行を世に送り出し、カワイイ文化の発信地として海外からも認識されている渋谷を例に、コンパクトシティの育て方、そして圧倒的な差別力をどう育てていくかを説いているのである。

ライフスタイルの基盤となる都市へ

当書で徹底して主張しているのが、これからの都市にとって〝ライフスタイル・サイズ〟つまり都市のスケールが生活を基準として描かれているか、そして人々にとって役立つものになっているかが最も重要だということ。どんな都市でも、そこに暮らしている人にとっては重要な生活基盤である。例えばその街で売られているもの全てがオーガニックのものだったとしたら、それは他の街との圧倒的な差別力であり、街の特徴となる。こうした特徴は一見住む人だけのメリットのようにみえるが、訪れる人にとっても魅力となり、住んでみたい街という評価につながる。街というものは、その中で醸成されていくだけでなく、外からのエネルギーを集約することによってさらに成長し、活かされるのである。

これからの都市は〝大きいからすごい〟とい

うような価値観ではなく、常に世界に目線を向け、世界から顧客を招きながらもライフスタイル・サイズな街として創造していくことが重要となるのである。

目次

文化が経済を牽引する時代へ
創造する経営

2012年　ライフデザインブックス

物質的な豊かさを獲得した日本は、物の豊かさから精神の豊かさを主とする思考へとシフトしている。有形から無形であるものに価値が与えられるようになり、まさに「文化が経済を牽引する時代」が到来したのである。

その中、2002年に著者主宰によって『文化経済研究会』が立ち上げられ、時代の先陣を切る企業及び起業家たちとの学習を重ねていった。当書は、研究会に登壇した講師陣の中から、新たな価値を提唱し市場を切り開いていった若き経営者10人の声をまとめたものである。

事業とは「創造」するもの。画期的な事業を創造したクリエイターであり、感性を持った経営者らの発想と戦略から、次代の価値観が生まれる本質を浮かび上がらせるものとなっている。

生き方にまで波及するベンチャースピリッツ

ベンチャースピリッツは、サービス精神によってのみ培われる。未解決の課題に対して情熱を持って、繰り返しチャレンジする。諦めず、解決の糸口が見えてくるまで、全身全霊を費やし情熱を注ぎ果敢に取り組むことにこそ、ベンチャースピリッツがある。そのため、ベンチャースピリッツは、生き方にまで波及するといえる。仕事とプライベートを区別しすぎる人はベンチャースピリッツが培われない。事業は、起業家精神によってのみ起こるといっても過言ではない。それは一個人を駆り立てる、生涯をかけた個性のフラッグシップなのである。

目次

個性は群生の中でこそ磨かれる

群生する個性

2013年　ライフデザインブックス

情報社会では、対抗概念を組み合わせた中間に新たな価値観が提示される。同質と異質というものを対峙させるのではなく、「同異質化」が成長の中軸をなしていく社会、いわば「同じ」だけど「違う」という時代の到来である。

世界目線の中、注目を高める設計には、特集的編纂、すなわち集合集積した個性が求められる。これがスペシャルイシューとなってシグナルを発信していくのである。そして個別の個性が群雄割拠している姿から、特徴となる大個性を定義づける。さらにその内側には、個々の個性、いわば小個性が競合しあい、存在証明を発信していくというエネルギーが渦巻いているのである。一匹狼でいることが、イコール「個性」ではない。羊のように群れている中でこそ、個性は磨かれていくのである。

他人と違うこと＝個性ではない

「群生する個性」という言葉を最も理解しやすい事例の一つが「トキワ荘」である。日本を代表する漫画家たちも下積み時代、集団で仕事を請け負う態勢をとっていた。トキワ荘の漫画家たちが一つの単位となって、分け与えられる仕事に取り組んでいたのである。

独立を目指す時こそ、競合がひしめき合う場所に敢えて挑むべきだ。群像劇の中に身を置き、そこから特徴を打ち出し、競い合い、違いというものを形成し個性を磨いていく。

一方、他人と違うことを個性と主張し、あたかも多様性の中にあるかのような勘違いをしてはいけない。他人と違うことをするのが個性ではない。世界はすでに多様であり、他人との違いは充分に内包されている。だからこそ、その多様性の中で個性を磨いていき、光り輝くまでに育て上げることが重要なのである。

群生する個性
Collective Individualities
谷口正和
個性って一匹狼のことじゃない。
木のように群れている中でこそ
個性は磨かれていく。
Life Design Books

目次

変化経営が新たな潮流を生む

七つの泡

2013年　ライフデザインブックス

当書は、2013年に行われたマーケティングセミナー『七つの泡』を抄録したものである。現在社会に浮かんでいる変化を7つのパラダイムに分類し、それぞれが入り乱れつつ大きな潮流を作っていることを明らかにしている。

固定から脱却し、変わり続ける

先の見えない時代、ビジネスパラダイムは近づけば消えゆく泡のようなものといえる。決して確定されず、常に変化しているものであるため、一度手に取ったところでパラダイムは動きをやめてはくれない。つまり、課題を固定的に考えることはできないということである。一つの課題解決の流れを見ていく場合、パラダイムに近づいたところで、すぐに消えてしまうことを前提にした認識論を持って挑んでいく必要がある。

目次

感性を研ぎ澄ます現代女性の生き方

直感する未来

2014年　ライフデザインブックス

当書は、働く女性たちを研究する『女の未来研究会』を発足し、過去・現在・未来と3つのフレームワークを用いて、働く女性の分析を記録したもの。女性が働き続けることが当たり前になる中、生き方と働き方を分けないことが、今後のスタンダードになっていく。

柔軟に生きる女性たち

社会背景や現代女性の生き方を鑑みると、働く現代女性は「柔軟に生きている」という一つの特徴が浮かび上がる。彼女たちは、ロールモデルとなる人物を持たず、自分の中の感性を研ぎ澄まし、柔軟に対応するという直感で社会を切り開いてきた。それは優柔不断や、八方美人というものではなく、凛とした芯を持ち、その芯を中心にして順応しているのである。職場においても「自分が選んだ会社」ではなく、「自分が選んだ仕事」がモチベーションとなっている。この自覚が女性の働き方として表れてきたとするならば、その結果として働き方の価値と生き方とが重なり合ってくると言えるのではない。

目次

幸福の単位は最小にあり

幸福の風景

2014年　ライフデザインブックス

工業社会によって、我々は様々な物を得て、所有した。しかし現在、人々は物理的充足を超えて精神的充足を志向し始めた。生活者が求めている幸福は物質の中にはなく、日常の中にこそ小さな幸福が隠れているということに気づいたのである。

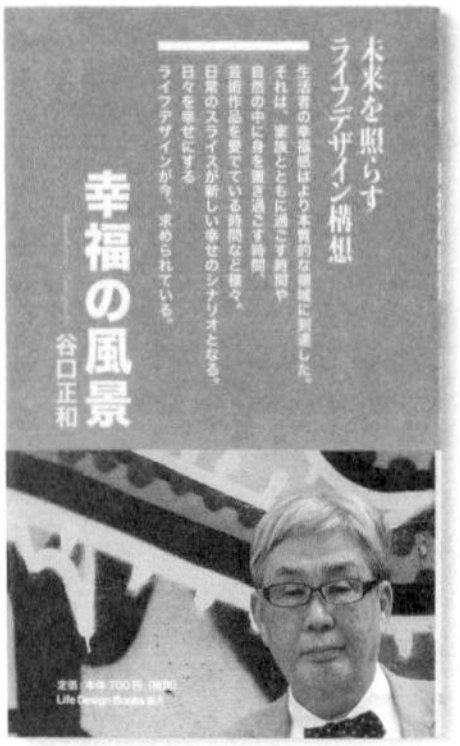

楽観主義体質が幸福のカギ

幸福が圧倒的に肯定的な楽観主義という本質を持っている以上、それを繰り返して体現していかなければならない。晴れたら晴れたほうがいい。雨が降れば降ったほうがいい。あらゆる変化に対してそのほうがいいというスタンスに立ち、どのようなことも幸福の原因を持っているのだと心得る。厳しすぎる規律や自縛を小さくする。幸福は解放・開放に根ざしているのである。

目次

小さな変化の渦が作る新たな時代

2020新しき革命

2015年　ライフデザインブックス

2020年に向けて、スポーツはもちろん観光や芸術、様々な産業構造、そして生き方そのものにかかわるまで多様な変化が生まれている。それこそが当書の指摘する社会変革であり、時代のブレイクスルーを作っていく流れが出てきている。

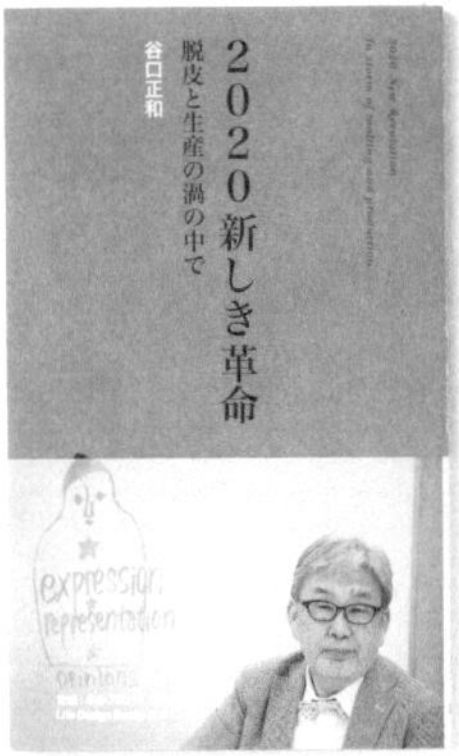

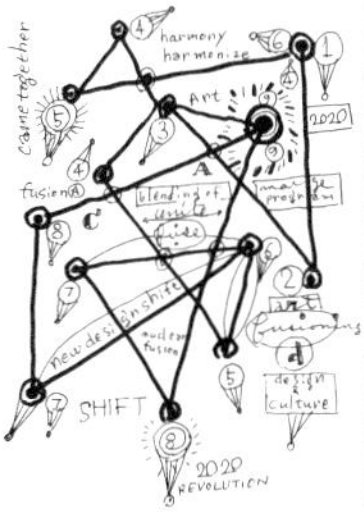

"アースファミリー"という認識を

本来ならば東京オリンピックが開催されるはずだった2020年に向けた認識論として、当書ではグローバリズムという言葉で表されるような、単に経済活動だけで地球とインターナショナリズムを見るような認識を改めていく必要があると指摘している。むしろ、我々が住んでいる地球という場所を、一つの大きな家だと見なし、アースファミリーという認識で世界を行き来できる人々がこれからの未来を形成していくのである。

目次

変化を見極めよ
動態視力

2015年　ライフデザインブックス

情報社会の最も重要な原則は変化である。変化と変化が折り重なって新たな変化を作り、それがまた連鎖していく。このような変化が複雑に交差する社会において、いかに戦略的にジャッジするかが重要となる。当書で繰り返し指摘しているのが「変化が全体を作っていく」ということ。変化しないものは死ぬか去れという「Change or die」というコンセプトが世界全体を突き抜けている。

移動している物体を捉える能力は「動体視力」だが、我々がいる社会は単に移動しているだけでなく「変化」している。つまり「動態」ということである。そこで著者は、その社会の変容を捉える能力を「動態視力」と名付け、当書のタイトルとしている。自らを含め、あらゆるものが変化しながら移動している。それを把握するための観察力を指摘したのが当書なのである。

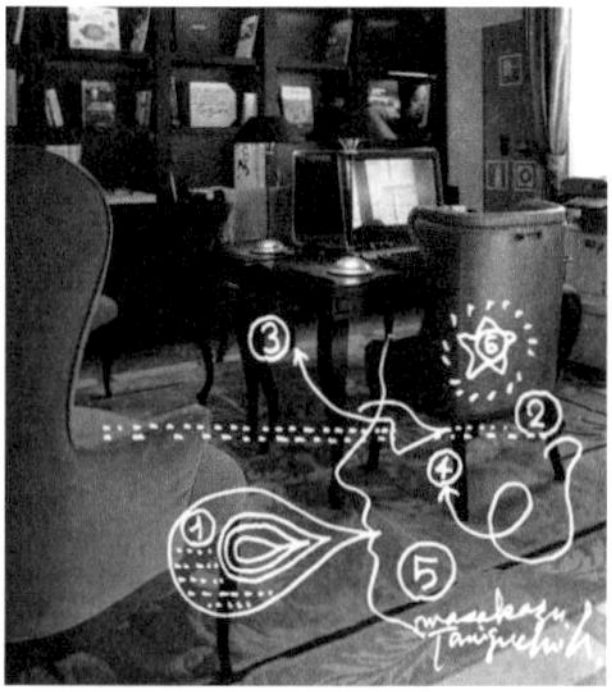

価値を掘り起こす「モグラの旅」へ

生活者はメインエリアでつないだゴールデンルートから、より内側に入り込み半歩先に進んだ、深部の世界へと興味軸が深化している。より生活に根ざした興味領域に目的は移動しており、その全ての根幹が探究心である。

この流れは、自己流という個性を呼び覚まし、実践学習という新しいツーリズムを求める姿となって表出していく。この価値の潮流を見定め、経営者が提示するプログラムも表層的なものではなく、一人ひとりのパーソナルな可能性に触れながら、新しいセルフヒストリーの探訪へとつながるものであることが求められているのである。

ライフスタイル全体を見渡す
アスリート思想
全てのものは動いている。
全てのものは変化している。
経済、労働、思想、磐石なものと思っている生活基盤。
我々が立っている大地は静かにうごめいている。
アスリートがコンマゼロ秒以下で変化に対応するように、
周囲の環境に適応していく。
そこには強い意志と練習が求められる。
動態視力
谷口正和
定価：本体700円（税別）
Life Design Books 新書

目次

特徴が文化となり、文化が芸術となる

文化と芸術の経済学

2016年　ライフデザインブックス

文化と芸術、今後の経済と経営はこの両輪なくして成り立たせることはできない。21世紀において、経営は合理性を超えてあなたが何に自らの絶対時間をかけるかが問われている。個人の情熱が連鎖し合えば、そこに新たな文化と芸術が生まれる。それを継続・育成させていくことが21世紀の経営になると当書では指摘している。自らの人生を捧げるに値するテーマとは何か。興味関心を深化させ、世界へ突き抜けるためにはどうすればいいか。あなた自身が商品であり、その生き方が経営そのものとして問われているのである。

商品の売買や流通を超え、学習、医療、観光、そして文化、芸術、美意識など、あらゆる活動にまで張り巡らされた個人の興味領域のネットワークによって従来の枠組みを再編していくことが、新たなる未来への扉を開いていく。

自己更新の方法

変化が大事であることは再三言われているが、具体的にどうすればよいかという知恵はなかなか出てくるものではない。そこで小さくてもいいので日々の更新を大事にする。新しい変化を自分の中に取り込み、それを自分たちのニュースソースにしていく。変化の中で気がついたものをニュースとして発信すれば、共感の輪を広げていくこともできるだろう。その中心には自分があり、自らを中心にして周囲を統合していくような編集性が必要。自分が商品であり、自分がコンテンツメーカーという認識が重要なのである。

特徴が文化となり、文化が芸術となる。
個性の時代の対話力。
走り出せばミッションは育ち、
行動はあなたを変える。
使命をまとい生まれ変わることができれば、
あなたの生き方そのものが世界からの注目を集める。
21世紀の経営は文化と芸術を足場に、
その継続力の中にある特徴への着目が問われる。
あなた自身が商品である。
文化と芸術の経済学
谷口正和
定価：本体700円（税別）
Life Design Books

目次

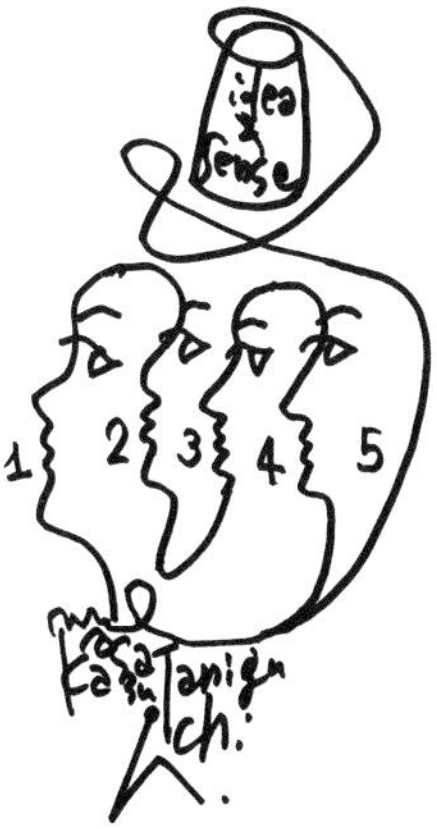
1
2
3
4
5

移動と交流の世紀
旅化する社会

2016年　ライフデザインブックス

自著『動態視力』の中では「すべてが流動している」ということを指摘しているが、その社会潮流をさらに「旅」というキーワードを使って深化させたものが当書である。世界中で数多くの人が旅をする「移動と交流」の世紀において、「観光」という概念をもう一度見つめ直す必要がある。

観光という視点で、あらゆる事業形態に対して鳥の目を持って俯瞰していく。そのフィルターを通して目に飛び込んできた映像は、まさにツーリスト・ソサエティ、新たなる社会の誕生であった。変化を読み解くことが未来社会を構想する土壌づくりだとすれば、当書の目指す役割は、読者の事業を巨木へと成長させるための次なる社会構想を育む太陽となること。そして肝心の種となるのは、読者自身が長年にわたって培ってきた経験に他ならない。

生活者全員に「旅人」という肩書きを

流動と移動で組み立てられたツーリスト・ソサエティの時代を迎える中、著者はその生活者の姿を「パーマネント・トラベラー」と表現し、永遠の旅人こそが、これからの生活者の理想の姿と指摘している。一人ひとりは時間と空間から自由になり、地球上を縦横無尽に行き来することが可能となる。旅の定義を移動と置き換えれば、単なるIターンやUターンではなく、世界を往来すること自体、生活者が常態化しているのである。

働くことや学ぶことも旅の中に取り込まれていれば、人は色々な興味によって集まる時と場があり、国境のない地域の学び、興味、遊び、働き方の枠組みに参加できるようになる。これほど交通網が発達した現代社会において、一つのところに留まっている生き方はもったいない上にリスクにもなりうるということを理解しておく必要がある。

目次

ライフデザイン観を刷新せよ

１００年の旅人

２０１７年　ライフデザインブックス

我々の人生は、１００年という時間を当たり前とするような、本格的な長寿社会に入ろうとしている。これまでの高齢社会の捉え方は、経済的な不安や病気の心配、老年の孤独などに怯えながら、なんとか最期まで生き延びたいというネガティブな視点に終始したものだった。それに対し、いま迎えようとしている「１００年人生」は、もっと自由に好きなことに挑戦し、開放的に、躍動的にいきいきと長生きするという真逆の視座へと大きく転換したものである。

長く生きることをどのように捉え、どのような可能性を感じているか、一人ひとりにそうした大切な問いかけが投げかけられている。人生１００年時代、創造的に面白く暮らしたい、そのための生き方革命がすでに始まっている。これまでのライフデザイン観を革新していく必要性を当書では強く指摘しているのである。

継続を価値づける工夫を

鴨長明は「ゆく川のながれは絶えずして、しかももとの水にあらず」と、時勢、時流の変化を表現した。変化というものを我々の生きざまの中軸に置き、生命力として見ていくという捉え方は、古くから日本人の感性の奥深くに根付いていると言えるかもしれない。我々が持つこうした資質を存分に生かして取り組んでいくべきなのが「生涯学習」であり、その方法は「体験学習」である。体験学習を重ね、そこから生まれてくる気づきを生かし、その気づきから生まれてくる未来に対する期待を確認する。小さくてもいいから、トライアルすることを日々の生活に紛れ込ませ、今日の手応えを掴み、違いを大切にしながら積み上げていく。これが「１００年人生のライフデザイン」なのである。

ネバーエンディング・ジャーニー
100年の旅人
谷口正和
Masakazu Taniguchi
人生100年時代、創造的に面白く暮らしたい。
そのための生き方革命が始まっている。
自らが豊富にもつリソースを見直し、整理し、
新しい価値に変える。
絶好のチャンスがやってきた。
あなた自身の興味と好奇心に導かれ、
冒険と発見の旅立ちへ。
Life Design Books 新書

目次

気づきが社会を変えていく

構想の庭　京都からの編集提言。

2017年　ライフデザインブックス

1000年の歴史と地形が洋々たる気配を形成している「悠久の都 京都」は、思想と哲学を見えざる力でインキュベートしている。未来の構想力を孵化しているに違いない。それならば、その流水、湧水を汲み取ることはできないか、そうした思考の中でこの『構想の庭』は着想された。

当書は、『構想の庭』の創刊号並びに第二号を取りまとめた新書版として発刊したものである。「1000年の視座から次なる日本、アジア、そして地球社会への思考のヒントを提言すること」を目的に、12人のオピニオンから、長期的かつ広域的な視座に立った本質に迫る着想をいただいた。大きな課題を目の前にして、未来社会を描けないでいる組織や個人に対して、彼らオピニオンが発した知識が、何らかの気づきを与えてくれるはずである。

未来社会構想力を磨く

次なる社会そのものに対する構想力が問われている。我々に突きつけられた課題は「構想設計」である。その課題に取り掛かるため、着想をロングレンジで捉え、その思想・哲学を軸足に未来のありたい姿を複合的にジャッジできるように、まず高質な情報受信が大切なスタートとなる。

そこで当書では、それぞれ生涯をかけて独自のテーマに取り組み、社会の中で戦ってきた12人のオピニオンの声から、課題発見と解決の糸口となる気づき、ヒントを受信し、思考の整理をする。紡ぎ出された言葉から、構想力を呼び起こさせる時代のキーワードが浮かび上がってくる。

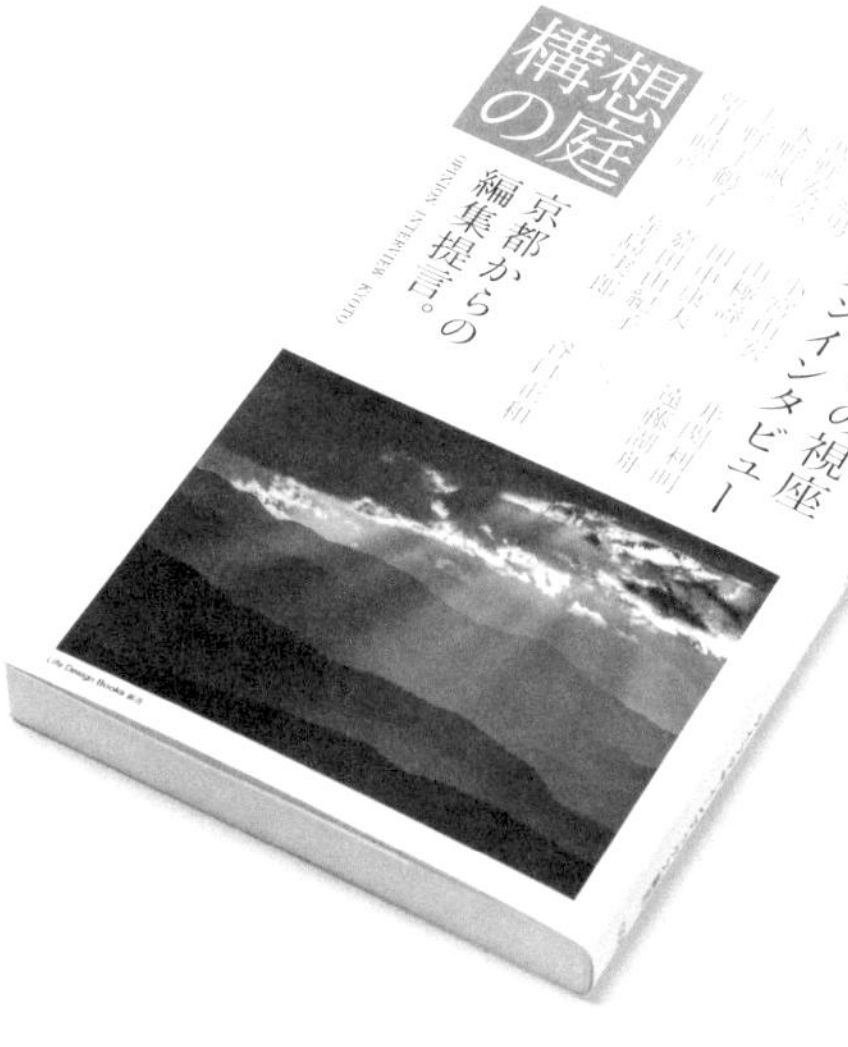
構想の庭
次なる社会への視座
オピニオンインタビュー
京都からの
編集提言。

目次

組織が崩壊し全てがフリーランサーへ

Free Style Shift

2018年　ライフデザインブックス

戦後、70年の積み上げは内側から崩壊し始め、上下左右へと流れを速めながら溶けている。その内なる溶解度が一点突破をするように、米袋に穴が空いたように自己溶解し、崩壊し、破壊の勢いを高めている。そうした状況の中で浮かび上がってきた潮流が、フリースタイルへの展開である。ここで指摘しているのは、いわゆる働き方改革ではない。従来の自縄自縛から解き放ち、社会をリセットすることが求められているのである。

今の時代にマニュアルは存在しない。手探りの状況をクリエイティブの面白味としてチャンス化することが重要である。この「Free Style Shift」の社会では、何も保証するものが存在していない。保証という約束された地に向けた学習ではなく、無から創造していく旅なのである。

二者択"三"の発想

あらゆる分野でゼロベースシンキングが求められる時代において、常に既存の価値観から自由でいることが重要となる。例えば、二択を迫るような局面に出くわしたとしても白か黒かで決めてしまえば、その中間にある豊かな色彩すべてが失われてしまう。対局する二つの認識論をクロスさせていけば、フラットな認識に近づいていく。この着想が重要となる。今、提示されている前提が本当に正しいのかを常に検証する、そしてそのことを体質化する。そうしたオールフラット化の思考が求められているのである。

目次

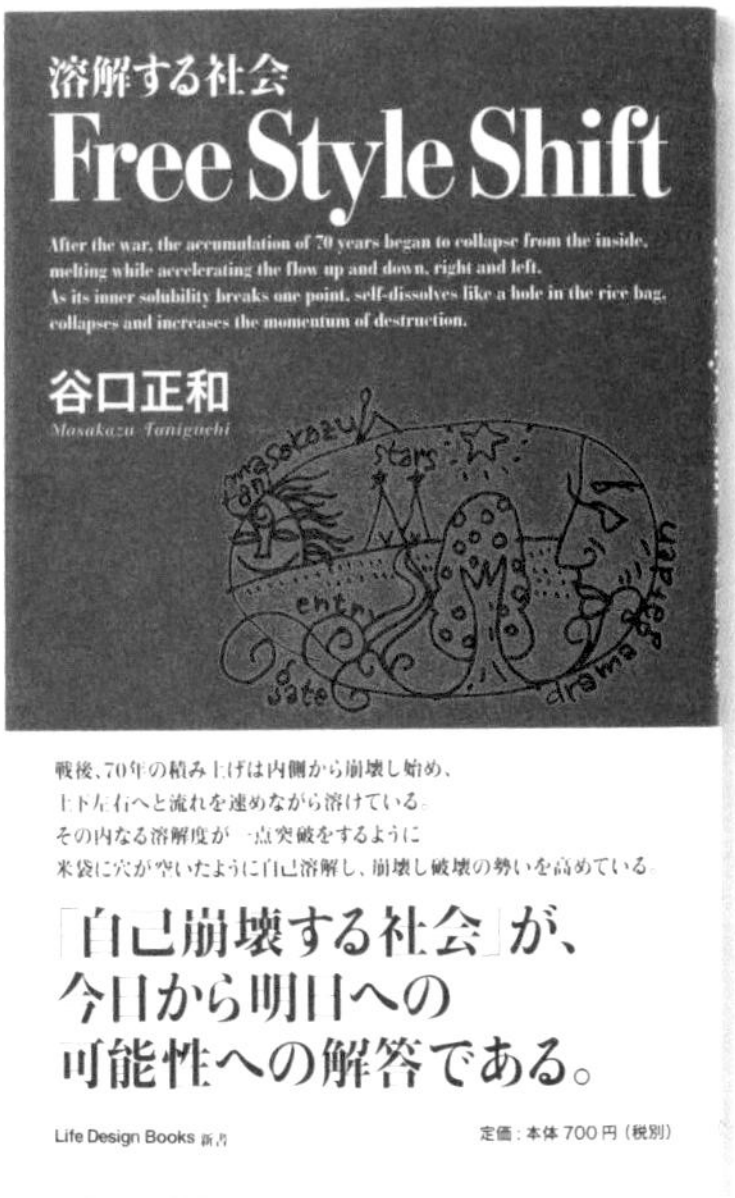
溶解する社会
Free Style Shift
After the war, the accumulation of 70 years began to collapse from the inside, melting while accelerating the flow up and down, right and left.
As its inner solubility breaks one point, self-dissolves like a hole in the rice bag, collapses and increases the momentum of destruction.
谷口正和
Masakazu Taniguchi
stars
entry
drama
戦後、70年の積み上げは内側から崩壊し始め、
上下左右へと流れを速めながら溶けている。
その内なる溶解度が一点突破をするように
米袋に穴が空いたように自己溶解し、崩壊し破壊の勢いを高めている。
「自己崩壊する社会」が、
今日から明日への
可能性への解答である。
Life Design Books 新書
定価：本体700円（税別）

第二章　フリーエージェント　個性の旅立ち

「ごっこ」じゃない本物のイノベーター／先行するフリーエージェントたち／個人の特徴化を／未来への旅人ドリーマー／ヒントを届けるロバとして／消費と生産のるつぼ

第三章　コ・オープン・イノベーション　市場価値の変遷

イノベーション＝見せ方革命／P2Pの旗／TIME COOKING／re youthful days／暮らしの最適化

第四章　スタートアップメイカー　未来を作るトレーニングを

生き方が問われる時代に／今こそ、ドリームトレーニングを／課題認識の整理／イメージ・トレーニング・プログラム

dream training dril.
Mirainotsuba sa 100 entry
infinity
eternity
wing
possibility
potential
2030-2050

依存から脱却し、自活力を磨く
何が資産か。

2020年　ライフデザインブックス

自らの生き方に問題意識もなく、過去の価値観や成功体験から卒業できないままでは、その意識を基準にした未来しか訪れない。将来に対する不安感を払拭するには、社会への依存体質から脱却するしかないのだ。そして、自主自立の体質へとシフトし、個人で突き抜けていく自活力を磨いていく。そのために必要なのが「自己投資」である。不安の根源を外側ではなく、自らの内側に置き直すことで、自然と不安は薄れ、これから自分が何をすべきなのかが見えてくる。茫洋とした不安は「原因結果我にあり」という認識があって初めて解決するものなのである。

人生100年時代、知的好奇心の赴くままに素直に学んでいく姿勢が一層重要となる。自分自身でどのように生きる力を磨いていくか、その一点について掘り下げたのが当書である。

自らの中のストックを価値に

自己投資によって自らの力にしていくには、独自の技術を身につけるだけではなく、その技術を他人に教えられるようになるまで高めていかなければならない。これが一芸投資社会に求められる考え方である。積み重ねられた一芸が、新たな視座を開き、その連鎖の先に新しい未来を手にすることができる。

自らにとって何がオリジナリティの資産であり、社会に活かすことができる活用資産になるのか。こうした特技は自分の中で鍛えられ、醸成されていくものであり、その結果として個人の中に新たな価値が生まれる。そして、個人の中に芽生えた個性が主体となり、社会されていく。つまり、「何が資産か」という問いかけに対する回答は、あなた自身に積み上げられたストックこそが価値であるということになるのである。

目次

自己投資のテスト・マーケティング
ありのままの姿を「ネイキッド・シフト」
イメージ先行の社会
中間が膨張した先
一人ひとりに求められる〝覚悟〟
常識という呪縛の奴隷
ディレイド・ジャパン
管理社会だからこそ求められる〝力〟
過ちを繰り返さないヒストリー・ジャンクション
パーソナル・インベストメントの本質
サスティナビリティの思想
無形資産社会の到来
何もしない日々＝クリエイティブ
心の安寧を求めるマザーランド
リアルを追求する体験財
ソーシャル・イミュニティ
知恵の宝庫「ミュゼ・ブラリー」
感性総動員の五感時代
知の先にある体験富裕層
ボイス・オブ・パーソン
セミ・プロフェッショナル
顧客回数化への誘い
「真似ぶ」心通わす模倣訓練
独〝楽〟のスペシャリスト
可能性を内包したGOOD CAPACITY
独自性を高める個性創造
芯のある生き方、ブレない価値軸
粘り強さがもたらす「転がり込む勝利」　ほか

全てを半分にせよ！
二分の一革命

2020年　ライフデザインブックス

新型コロナウイルスのパンデミックという世界規模のカオスの中、この状況からどう立ち上がり、そして次のパラダイムのためにどのように行動するかが問われている。最も重要なことは、事実を直視し、ファクト主義を掲げ、現状を共同学習のチャンスと認識すること。その上で、この危機を逆転的に活用し、むしろチャンスだという理解を促進させる必要がある。

今、求められているのは、過去の慣習や常識に疑いの目を向け、本当に必要かどうかを問い直すこと。当書のタイトルである「ハーフ＆ハーフ」とは、全てを半分にせよという地球からのメッセージである。このコロナ・レボシューションといえるよう状況の中、未来に対して何ができるのか、そのヒント集となることこそ当書の目的とするところである。

時間の創造と内なる旅へ

コロナの感染拡大を避けるため、多くの人が外出できない状況が続いている。そんな時こそ、自らの内側へと意識を向ける時であり、一度立ち止まって深く考える、いわば我が内なる旅へと向かう機会として認識する必要がある。

仮にコロナの影響で、これまでやってきたことの半分が失われるとすれば、それによって生まれたスペースには新しいアイデアの種をまいていく必要がある。そして従来では当たり前に行われていたことが、コロナによってその無駄が明るみになり、次々に削除されている。そこから生まれた自由時間の組み立て方、生活時間割の自己編集が今、求められているのである。

目次

／情報は心理をつくる／現代社会への反省・見直し／原点への問い直し／時間の創造と内なる旅／未来への入り口

第一章　《過去》時代のエンディングノート

区別なき社会へ／中間の発想による解決／使用活用学／農村都市学／情報整理学／横軸力学／公開交換学／二分の一革命／過去の終焉

第二章　変化の谷を飛べ

スタディシフト／ホームグラウンドシフト／アースシフト／感性シフト／キャスティングシフト／ストーリーシフト

第三章　《未来》変革の種まき

コロナの言い訳／種をまくこと／所有価値から使用価値へ／住人から旅人へ／ショッピングからセルフインベストメントへ

第四章　ホーム・インベストメント　そのヒント集

イマジナスピックアップワード

新たな未来の活力に

EMPOWERMENT

2021年　ライフデザインブックス

タイトルになっている「エンパワーメント」という概念は、様々な分野で注目されているが、当書におけるそれは、ビジネスの現場で使われる「権限移譲」や「能力開花」などの狭義の意味に留まらない。より広義な意味で、人々を勇気づけ、励まし、人間が本来持っている、生きるための素晴らしい力を引き出すためのキーワードとして提示している。

変化に対して果敢に挑戦する、その背中を押すものこそ「エンパワーメント」である。ありたい未来を描き、それに共感する人々が互いを勇気づけ、励まし合う。未来に向かって理想を掲げ、少しでも進もうというエネルギーが我々の中で後押しをする。そのエネルギーがどこにあるのか、またどう引き出せばいいのか、当書はそのことを考えるためのアイデアノートである。

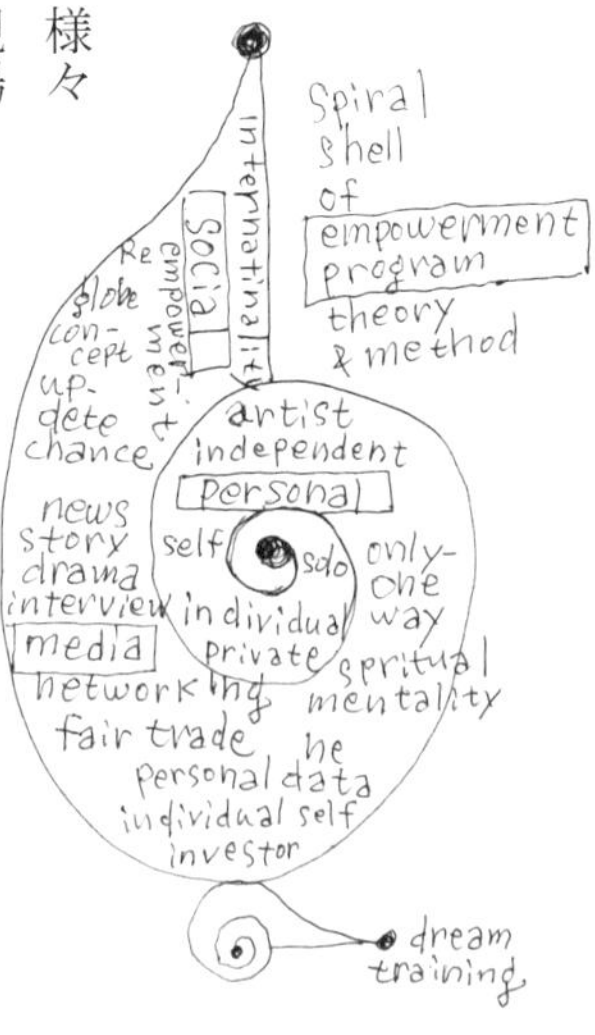

すでにあるものを視点を変え再編集する

次の社会をどんな社会にしたいかと考えるとき、無い物ねだりをしても仕方がない。エンパワーメントとは、すでにあるものをリポジションし、もう一度力を与えることである。固定観念を捨て、足元を見つめ直し、視点を変え、活力の再編集をしていけば、一気に変革の可能性は出てくる。

『あなたが変われば、世界が変わる』ということに、自分自身を位置づけ、人生のシナリオ、全体像を見直す。あなたの中にある無限の多様性、資源、可能性は、あなたの構想力によって発見することができる。そしてそれを社会化することが、来たる未来の新しい活力になるのである。

EMPOWERMENT
あなたが変われば、世界が変わる。
エンパワーメント・プログラム
ありたい未来を描き、それに共感する人々が互いを勇気づけ、励まし合う。
メディア社会における一人の力の影響力に気づいて、
そのミッションを果たすためのアイデアノート。
谷口正和
Masakazu Taniguchi
Life Design Books 新書

目次

［共著・ライフデザインブックス発行一覧］

これまでにご紹介した著書の他にも、多くの方と共著し、また、志を共にした方々の書籍をライフデザインブックスより発行してきた。

共著

時代を切り開く役割と可能性
デザインコンサルタント
2001年　JDCA出版局／日本デザインコンサルタント協会 編

60歳からの生れ直し
還暦と風景
2003年　海文堂出版

近未来モビリティへの提言
車社会のリ・デザイン
2004年　鹿島出版会／日本デザイン機構 編

日本の資産「技」を生かす
メイド・イン・ニッポン
2006年　デザインブックス／船曳鴻紅 編著

豊かさとは何か
消費社会のリ・デザイン
2009年　大学教育出版／日本デザイン機構 監修

品格ある改革的持続へ
消滅してたまるか！
2015年　文藝春秋企画出版部

ライフデザインブックス発行

足元にある、大切なもの。
石垣島ハーブの暮らし
2014年　島ぐらし研究会 編著

光り輝く島との出会い
Lino Lino
2014年　むらいさち 著

成長神話の終わりに
否常識のススメ
2015年　水野誠一 著

長野インタビュー
生活芸術家たち
2015年　村ぐらし研究会 編著

365日、醸す暮らし
糀ことはじめ
2015年　糀ぐらし研究会 編著

SENSE OF INNOVATION
CONCEPT 100
2015年　アリミノ主宰の勉強会「スクランブルクラブ」より

共著

生命が宿る「私本主義」社会の到来
生命文明の時代
2019年　オンデマンド

ライフデザインブックス発行

神戸風月堂これからの100年
生活文化創造
2011年　下村治生 著

地域ナンバーワン注文住宅企業「はなおか」ができるまで
「正直に王道を行く」経営
2012年　花岡秀芳 著

Hawaii Visual Poem
ALOHEART
2012年　むらいさち 著

デザインの力で、この国をより美しく、サステナブルにする
デザインが日本の未来を創る
2013年　船曳鴻紅 著

本当の「おもてなし」とは
人分けの小道
2014年　北山ひとみ 著

ライフデザインブックス発行

美しい日本のスパのかたち
SPA IN LIFE
2017年　梶川貴子 著

「美意識」とは何たるか
イメージのレシピ
2017年　五十嵐郁雄 著

農業の未来の姿
地域農業のスプラウト
2017年　岸保宏 著

阪急うめだ本店、再生への挑戦
革新する経営
2018年　椙岡俊一 著

人生100年時代のドラッグストア・ミッションを生きる
一人のために、地域とともに
2019年　杉浦昭子 著

みんなが幸せな介護の現場
100人に1人のわたし
2020年　広光美絵 著

デザインとは何か。デザインはどこへ行くのか。
デザインの本質
2020年　田中一雄 著

Concept Walk

あとがき

変化と継続が同時進行する時代を迎えている。その中で我々のミッションは、社会や生活者の変化から類推できる次の価値観をすくい上げること。スタートアップして40年、我々は「ライフスタイル」をコンセプトに掲げ、生活者研究を柱として取り組んできた。それは、いわゆる販促を中心にしたマーケティング技術ではなく、社会の価値要望にどのようにして対応していくか、いわば生活者変化の社会学というものを自らに問いかけ続けてきたのである。

そのために、我々が一貫して行ってきたのが情報収集と整理学である。最初は、気づきのメモから始まり、ＦＡＸが広く普及した時代には情報誌「ファックスプレス」を発行、そして現在は「イマジナス」に名称を変更するなど、形や方法を変えながらも情報の分析・整理・発信を続けてきた。ここで重要となるのは、個人ではなくチームあるいはプロジェクト単位で取り組むことである。一人ひとりがランダムで情報収集したものを集約し、編集会議によって見えない共通整理学としてあぶり出していく。個人の知識とセンスだけに頼ったようなレベルのクリエイティブワークを超え、チームで行うことでより発想が広がり、開かれた社会価値として役立つ情報発信ができるということである。すでに整理された情報を眺めているだけでは変化を見つけることはできない。業界や業種といった枠組みを超えて、様々な分野の情報をランダムセレクションする。そこから本質となる共通項を見つけ出すことによって、新たな価値が浮かび上がってくるのである。これこそが、我々が長年にわたり継続して行ってきた、時代と並走するためのトレーニングである。情報社会における生活者研究室としての機能を果たしながら、新しい価値を発見するための「方法論」にしてきたということである。研究し、学習し、そこから編み出していく。100冊近くにおよぶ書籍やレポートを継続して出すことができたのも、そうしたことを繰り返し行ってきたからに他ならない。

今回、40周年記念としてそれらを整理し発行する機会を得たことに対し、皆さんに深い感謝の意を表したい。そして本書の『コンセプトウォーク』というタイトルが示すとおり、我々は今後も、社会そして生活者の変化と共に歩み続けていきたいと強く願っている。

プロフィール

谷口 正和

マーケティング・コンサルタント

株式会社ジャパンライフデザインシステムズ 代表取締役社長

1942年京都生まれ。

武蔵野美術大学造形学部産業デザイン学科卒業。

立命館大学大学院経営管理研究科感性型マーケティング担当教授（2003年4月〜2013年3月）／客員教授（2013年4月〜2020年3月）

東京都市大学都市生活学部創学アドバイザー・客員教授（2009年4月〜2013年3月）

武蔵野美術大学評議員（2015年4月〜現在に至る）

桑沢デザイン研究所デザイン専攻学科ワンデーミッション講師（2010年4月〜現在に至る）

2019年9月ラオス・ルアンパバーンの寺院にて

日本小売業協会生活者委員会コーディネーター、日本オリーブ協会理事、日本デザインコンサルタント協会（ＪＤＣＡ）会員、日本グラフィックデザイン協会（ＪＡＧＤＡ）会員、石垣市観光アドバイザー等務める。

生命、生活、人生の在り方を問う「ライフデザイン」を企業理念そのものとし、地球と個人の時代を見据えて常に次なるニューモデルを提示し続ける。コンセプト・プロデュースから経営コンサルテーション、企業戦略立案、地域活性計画まで幅広く活動。

独自の情報共有のプログラムとして、時代を週単位で直観分析し続けている週刊「IMAGINAS（イマジナス）」は、ウィークリー情報分析誌の草分け的存在。モノや技術ではなく、思想・哲学・表現・文化など精神的な価値が優先した新マーケット・パラダイム『文化経済』市場を見据え、20年前から多種多様の業種業態が混合した学習共有会として「文化経済研究会」を発足し、会員制ワークショップとして運営。また、地域社会と歴史、地域社会と環境といった、地域特性という文化的価値を発見する江戸美学研究会・ハワイ・ライフスタイル・クラブ等のクラブマーケティングを実践。興味関心を深堀する同好の志の共学の場として、クラブエコノミーという概念を稼働させるプログラム事業を運営。さらに、自らの故郷・京都で始めた千年の歴史的視座に対する研究室として、「構想の庭プロジェクト」を主宰する。

新たなビジネスへの構想力を高めるヒントに
イマジナス IMAGINAS
小さな変化を感性で拾い上げる情報分析誌

『IMAGINAS（イマジナス）』は、世の中にあふれる情報をフラットに見わたし、「常に社会課題を見つける姿勢」をもって次なるソーシャルトレンドを見切っていく週間マーケティング情報誌である。生活者視点に立ち、経済専門誌からインディーズマガジンまで、多種多様なメディアの中から、その週に発信された特徴的な情報や新しい事実をピックアップ。そこに、谷口正和自身がビジネスの最前線に身を置く中で掴み取った情報を束ね、直感分析を行い、編集部員と共に3つのコンセプト・キーワードにまで集約し、メール配信を行っている。

情報誌では、それらのキーワードを補完する咀嚼や、関連する事例なども併せて紹介している。生活者の「今」との距離を測る指標となり、ブレが生じるたびに軌道修正することができるツールといえる。

イマジナス：次なる構想力を求めて▼新しいコンセプトワーク

IMAGINAS

2021年「イマジナス」代表的キーワード	
▷変身時代	過去から脱皮し新たな体質へ。
▷チャイルドフライト	子どもたちの飛翔を支える土台づくりを。
▷人間味戦略	人に寄り添い、感性に訴える。
▷物語の選択	主義主張と共感で生まれる物語。
▷未知の宝島	分からないから面白いという発想を。
▷コアシンキング	磨くべきコアを見定める。
▷志の花	自己投資こそが生涯現役への道。
▷人材プール開き	流動性が社会全体のメリットを生む。
▷圧縮跳躍力	今こそコンセプトへ回帰せよ。
▷糸の時代	全ては連続性の中にある。
▷マルチアイジャッジ	未体験に対する多視点判定力。
▷中性の創造力	混ざり合うことで生まれる新たな可能性。
▷セルフ・プロジェクション	未来の自分を今の自分に投影する。
▷興味の波紋	心の声に耳を傾け個性を磨く。

概要

会員特典
①谷口正和の著書を無料贈呈
②文化経済研究会セミナー通常1回1万1千円（税込）を5千5百円（税込）で年1回ご優待
③IMAGINAS編集会議に年1回無料ご招待（通常1回3千3百円・税込）
④谷口正和によるメールコンサルティングサービスを年1回無料受付

配信
毎週月曜日午前9時
※メール（PDFファイル添付）またはFAX

年間購読料
5万円5千円（税込）
※〈トライアル版〉・〈学割版〉あります

体裁
カラーA4判4枚

お問合わせ先
株式会社ジャパンライフデザインシステムズ
IMAGINAS編集部　担当・緒方
Tel／03-5457-3033
Fax／03-5457-3049
E-mail／fp@jds.co.jp

詳細・お申し込み
https://imaginas.themedia.jp/

文化が経済を牽引する
文化経済研究会
The Laboratory for Cultural Economy
経営者に寄り添う共学の場に

21世紀を牽引するものは「文化」である。文化が発生し、その後に経済が起こる。個人文化、サービス文化、ライフスタイル文化、観光文化、コミュニティ文化、それらの文化群が一斉に花開き、市場に全く新しい経済を発生させる。この文化経済の時代では、経済優先の発想から脱却し、小さくても志をもって立ち上がり、自分たちのミッション、フィロソフィー、ポリシーを貫き、従来の提供者論理を切り捨てて顧客主義に立った企業だけが存在することができる。

本研究会では、文化経済の視点からマーケットに新しい価値を創造した人、次世代ビジネスを実践する企業や起業家を講師に迎え、新しい時代に求められるべき発想と経営戦略を指し示していく。さらに、研究会会報誌に講演録を載せ、参加が叶わなかった会員も含め共有できる「共学の場」としても機能している。

The Laboratory for Cultural Economy

概要

◎基本会員

年会費6万6千円（税込）※入会金不要

会員特典

①オンラインセミナー　年6回参加

※毎回社内2名様まで参加可能

②研究会会員誌「ライフデザイン」年6回購読

③谷口正和著書を無料贈呈

◎メディア会員

年会費1万6千5百円（税込）※入会金不要

会員特典

①研究会会員誌「ライフデザイン」年6回購読

②オンラインセミナー　年1回参加無料

◎セミナー単発参加料

お一人様1万1千円（税込）

お問合わせ先

株式会社ジャパンライフデザインシステムズ
文化経済研究会企画運営事務局　池
Tel／080-4837-1586
Fax／03-5457-3049
E-mail／bunkaken@jlds.co.jp

詳細・お申し込み

http://www.jlds.co.jp/labo/

コンセプトは「素敵な時間の過ごし方」

クラブマーケティング

CLUB Marketing

楽しい時間を創出するマーケティング戦略

素敵な時間を過ごす——。このことをコンセプトにして取り組んでいるのがクラブマーケティングである。テーマごとに組織されたクラブでは、共通した趣味を持つ者同士が集まり、語らい、素敵な時間が過ごせるように、様々なイベントや情報発信などを展開している。活動を通じて楽しい時間を共有し、仲間を増やし、さらにクラブ内でより素敵な時間が過ごせるためのイベントを共に検討しあい、実行に移すという循環型のサイクルを回していく。

これまでのように、物を作ってお客様を得るという発想ではなく、まずはお客様をつくるところから始めなければならない。そのために私たちは、共通の趣味を持つ仲間と共に素敵な時間を過ごすという最大の顧客満足を掲げ、このクラブ活動型のマーケティングに取り組んでいるのである。

ハワイ・ライフスタイル・クラブ

ハワイに魅了された人たちの日常の中に、シンプルでナチュラルなアロハの風を届ける活動、情報発信やグッズ制作、イベント企画・運営を行う。

お問合わせ先
株式会社ライフデザイン・クラブマーケティング
ハワイ・ライフスタイル・クラブ　森田
Tel／03-5457-3028
E-mail／info@hawaiilifestyle.jp

クラブHP
https://hawaiilifestyle.jp/

江戸美学研究会

歌川広重「名所江戸百景　上野清水堂不忍ノ池」（国立国会図書館蔵）

江戸文化の美意識をデザインやライフスタイルなど多様な角度から研究しお届けする。人・自然・モノとの共生がそこにはある。「江戸」の美意識と暮らす粋な毎日を。

お問合わせ先
株式会社ライフデザイン・クリエイティブストラテジー
江戸美学研究会　臼井
Tel／080-4744-1182
Fax／03-5457-3025
E-mail／ebiken@jlds.co.jp

クラブHP
https://edodesignlab.jp/

Life Design Books

Concept Walk《コンセプトウォーク》

2021年12月12日　初版第一刷発行

著　者　谷口正和
編　集　緒方浩二
デザイン　臼井範俊　鈴木麻莉菜
発　行　谷口正和
発行所　ライフデザインブックス
株式会社ジャパンライフデザインシステムズ
〒150-0036　東京都渋谷区南平台町15-13　帝都渋谷ビル
TEL　03-5457-3033　FAX　03-5457-3049
http://www.jlds.co.jp

印刷・製本　株式会社サンエムカラー

ISBN 978-4-908492-97-6